Código de Processo
Ético-Profissional
Médico e sua Aplicação

Décio Policastro

Código de Processo Ético-Profissional Médico e sua Aplicação

Atualizada com a Resolução CFM n. 2.145, de 17 de maio de 2016

3ª edição

Belo Horizonte
2018

Copyright © 2018 Editora Del Rey Ltda.

Nenhuma parte deste livro poderá ser reproduzida, sejam quais forem os meios empregados, sem a permissão, por escrito, da Editora.

Impresso no Brasil | *Printed in Brazil*

EDITORA DEL REY LTDA
www.editoradelrey.com.br

Editor: Arnaldo Oliveira
Editor Adjunto: Ricardo A. Malheiros Fiuza
Editora Assistente: Waneska Diniz
Revisão: Isabel Noll Santiago
Diagramação: Lucila Pangracio Azevedo
Capa: Marcel Hiratsuka

Editora / MG
Rua dos Goitacases, 71 - Loja 24-A
Centro – Belo Horizonte / MG - CEP: 30190-909
Tel.: (31) 3293-8233
E-mail: vendas@editoradelrey.com.br

Conselho Editorial:
Alice de Souza Birchal
Antônio Augusto Cançado Trindade
Antonio Augusto Junho Anastasia
Antônio Pereira Gaio Júnior
Aroldo Plínio Gonçalves
Carlos Alberto Penna R. de Carvalho
Dalmar Pimenta
Edelberto Augusto Gomes Lima
Edésio Fernandes
Felipe Martins Pinto
Fernando Gonzaga Jayme
Hermes Vilchez Guerrero
José Adércio Leite Sampaio
José Edgard Penna Amorim Pereira
Luiz Guilherme da Costa Wagner Junior
Misabel Abreu Machado Derzi
Plínio Salgado
Rénan Kfuri Lopes
Rodrigo da Cunha Pereira
Sérgio Lellis Santiago

Policastro, Décio

P776c Código de Processo Ético-Profissional Médico e sua Aplicação – Novo Código de Processo Ético-Profissional. 3ª edição Atualizada com a Resolução CFM n. 2.145, de 17 de maio de 2016 / Décio Policastro. Belo Horizonte: Del Rey, 2018.
xxvi +134 p.

ISBN: 978-85-384-0509-2

1. Conselho Federal de Medicina (Brasil) (CFM), ética, codificação. 2. Ética médica, aspectos jurídicos, Brasil. 3. Código de ética médica, Brasil. 4. Médico, ética profissional, aspectos jurídicos, Brasil. I. Título.

CDU: 614.253(81)

À minha mulher e filhas pelo incentivo e apoio constantes.

À Isabel Noll Santiago meu reconhecimento pela solicitude e suporte nos trabalhos de revisão.

"É de direito natural que ninguém seja condenado sem ser ouvido."
(Padre Antonio Vieira — escritor e pregador jesuíta, 1608/1697)

"Os atos relativos ao processo e julgamento dos Conselhos de Medicina
serão definidos pelo Código de Processo
Ético-Profissional dos Conselhos Regionais de Medicina e
obedecerão aos seguintes princípios:
I — nenhum médico será considerado culpado
até o trânsito em julgado da penalidade aplicada;
II — amplo direito de defesa e do contraditório,
com todos os meios e recursos a ela inerentes;"
(Estatuto para os Conselhos de Medicina, art. 36)

" a todos, no âmbito judicial e administrativo, são assegurados a razoável duração do processo e os meios que garantam a celeridade de sua tramitação."
(Constituição Federal, art. 5º, LXXVIII)

" O novo CPEP surge com especial preocupação com o princípio da razoável duração do processo alçada a mandamento constitucional por ocasião da Emenda Constitucional n. 45 de 2004."
(Exposição de motivos da Resolução CFM n. 2.145/2016)

SUMÁRIO

Nota à 3ª Edição xix
Nota à 2ª Edição xxi
Introdução à 1ª Edição... xxiii
Abreviaturas xxv

Sobre a aplicação do Código de Processo Ético-Profissional Médico
1. Os Conselhos de Medicina 1
2. Diretrizes Processuais e Penalidades em Matéria Disciplinar.. 3
3. Sindicância 6
   3.1 Sindicância e sigilo 13
   3.2. Comissões de Ética Médica e Sindicâncias 15
   3.3. Sindicância e Conciliação 18
4. Termo de Ajustamento de Conduta 19
5. Interdição Cautelar do Exercício da Medicina 21
   5.1. Interdição em processo ético-disciplinar 24
   5.2. Interdição em procedimento administrativo 25
6. Processo Ético-Profissional Médico (PEP) 26
7. Penas Aplicáveis 31

8. Recursos e Efeitos 33
   8.1. A Reclamação ao CFM 37
9. Prescrição da Pretensão Punitiva e da Pretensão Executória 37
10. A Revisão do Processo 39
11. A Reabilitação Profissional 40
12. Prioridade na Tramitação de Processos a Idosos e Enfermos 41

Código de Processo Ético-Profissional (Resolução CFM 2.145/2016)

Capítulo I – Do Processo em Geral 43
   Seção I – Das Disposições Gerais (arts. 1º a 11) 43
   Seção II – Da Sindicância (arts. 12 a 17) 46
   Seção III – Da Conciliação (art. 18) 49
   Seção IV – Do Termo de Ajustamento de Conduta (TAC) (arts. 19 a 24) 50
   Seção V – Da Interdição Cautelar do Exercício da Medicina (arts. 25 a 31) 51

Capítulo II – Do Processo em Espécie 53
   Seção I – Da Instrução do Processo Ético-Profissional (arts. 32 e 33) 53
   Da Modificação ou Adição ao Relatório Conclusivo da Sindicância (art. 34) 54
   Da Citação do Denunciado (arts. 35 a 37) 55
   Da Citação por Edital (art. 38) 56
   Defesa Prévia (arts. 39 e 40) 56
   Das Intimações (arts. 41 a 43) 57
   Revelia (arts. 44 a 47) 58

Seção II – Das Provas 59

Disposições Gerais (arts. 48 a 51) 59

Das Provas Ilícitas (art. 52) 60

Do Parecer Técnico de Câmara Especializada (art. 53) 60

Seção III – Da Audiência de Instrução (arts. 54 a 64) 61

Do Depoimento do Denunciante e do Denunciado
(arts. 65 a 67) 63

Das Testemunhas (arts. 68 a 75) 64

Da Acareação (art. 76) 66

Da Prova Emprestada (art. 77) 66

Das Degravações (art. 78) 67

Do Encerramento da Instrução (arts. 79 a 81) 67

Seção IV – Do Julgamento do PEP no CRM
(arts. 82 a 85) 68

Do Pedido de Vista (arts. 86 a 93) 70

Seção V – Dos Recursos em Geral (arts. 94 a 96) 73

Da Reclamação para o CFM (art. 97) 74

Seção VI – Do Julgamento do PEP no CFM
(arts. 98 e 99) 75

Seção VII – Da Execução das Penas (arts. 100 e 101) 75

Seção VIII – Dos Impedimentos e da Suspeição

Dos Impedimentos (art. 102) 76

Da Suspeição (art. 103) 78

Do Incidente de Impedimento ou de Suspeição
(arts. 104 e 105) 78

Seção IX – Das Nulidades Processuais (arts. 106 a 111) 79

Capítulo III – Da Prescrição 80

Seção I – Das Regras de Prescrição da Pretensão Punitiva
(arts. 112 a 115) 80

Seção II – Prescrição da Pretensão Executória (art.116) 81

Capítulo IV – Da Revisão do Processo.. 81
   Seção I – Das Regras Gerais (arts. 117 a 123)..................... 81
   Seção II – Da Reabilitação Profissional (art. 124).............. 83
Capítulo V – Das Disposições Processuais Finais................. 83
   Seção I – Art. 125... 83
   Seção II – Da Fluência dos Prazos (art. 126)..................... 84
   Seção III – Da Entrada em Vigor deste Código
   (arts. 127 e 128)... 84

Apensos

LEGISLAÇÃO E RESOLUÇÕES DO CONSELHO FEDERAL DE MEDICINA (Nas partes que interessam aos processos disciplinares)

Lei n. 3.268, de 30 de setembro de 1957 – Dispõe sobre os Conselhos de Medicina, e dá outras providências.................. 87

Decreto n. 44.045, de 19 de julho de 1958 – Aprova o Regulamento do Conselho Federal e Conselhos Regionais de Medicina a que se refere a Lei n. 3.268, de 30 de setembro de 1957... 90

Lei n. 12.842, de 10 de julho de 2013 – Dispõe sobre o exercício da Medicina (Lei ao Ato Médico)............................. 94

Especialidades Médicas e Áreas de Atuação reconhecidas pelo Conselho Federal de Medicina... 99

Comissões de Ética Médica – Regulamento – Resolução CFM n. 1.657/2002... 104

Conselhos de Medicina – Estatuto – Resolução CFM n. 1.541/1998... 110

Regimento Interno do Conselho Federal de Medicina – Resolução CFM n. 1.998/12... 112

Interdição para o Exercício da Medicina em Procedimento
Administrativo – Resolução CFM n. 1.990/2012 114

Defensores dativos no âmbito dos Conselhos Federal e
Regionais de Medicina – Resolução CFM n. 1.961/2011 119

Orientações do Conselho Federal de Medicina
para Apresentação de Denúncias 125

Ordem dos Trabalhos da Sessão de Julgamento
dos Processos Ético-Profissionais no Conselho Federal
de Medicina 128

Composição das Câmaras de Julgamentos
do Tribunal Superior de Ética Médica do
Conselho Federal de Medicina 132

NOTA À 3ª EDIÇÃO

Esta 3ª edição aborda as inovações trazidas pela Resolução CFM n. 2.145, de 16 de maio de 2016, ao Código de Processo Ético-Profissional Médico que estava em vigor por força da Resolução CFM n. 2.023, de 20 de agosto de 2013.

Como nas edições anteriores, tem por propósito servir de guia ao médico acusado de praticar atos contrários às normas éticas da profissão e às pessoas que desejam saber como proceder quando se defrontam com a conduta violadora da ética médica, oferecendo a uns e outros subsídios para compreenderem os atuais mecanismos dos procedimentos disciplinares.

O novo código atualiza as regras que regulamentam as sindicâncias, os processos ético-profissionais, o rito dos julgamentos, com significativas alterações na forma e cabimento dos recursos nos Conselhos Regionais.

Incorpora, ainda, as disposições que eram tratadas em Resoluções esparsas relativas aos termos de ajustamento de conduta (Resolução 1.067/2011), interdição cautelar para o exercício da medicina em procedimento disciplinar

(Resolução 1987/2012) e a ocorrência da prescrição da pretensão punitiva (Resolução 2066/2013).

Atento ao devido processo legal, à ampla defesa e ao contraditório, cuidado especial foi dado ao ato da citação do médico chamado a tomar conhecimento da instauração e dos termos do Processo Ético-Profissional. A instrução do processo, defesa prévia, produção de provas, audiência de instrução e seu julgamento, tanto na esfera do CRM como na do CFM, estão melhor regulamentadas. Novos institutos foram criados, como regras da prescrição da pretensão punitiva e prescrição de pretensão executória.

A exposição de motivos explica que o novo Código de Processo Ético-Profissional teve por objetivo adequar e padronizar as rotinas de processamento dos atos processuais a serem obedecidos em todos os Conselhos de Medicina e, na essência, ir de encontro ao alcance da razoável duração do processo.

O autor

NOTA À 2ª EDIÇÃO

Em busca do aperfeiçoamento das regras disciplinadoras da classe médica, o Conselho Federal de Medicina editou a Resolução CFM n. 2.023, de 20 de agosto de 2013, modificadora do Código de Processo Ético-Profissional, anteriormente regido pela Resolução CFM n. 1.897 de 17 de abril de 2009.

A exposição de motivos da nova Resolução esclareceu que as novidades foram introduzidas para permitir maior celeridade e efetividade aos processos, sem prejudicar o devido processo legal e a segurança do amplo direito de defesa ao acusado.

Nesta segunda edição, em que faço comentários ao Código em sua atual redação, desmembrei alguns itens, sem deixar de incluir outros de interesse geral como: o sigilo para preservar a imagem do profissional durante as atividades processuais; a possibilidade de conciliação durante a sindicância; termo de ajustamento de conduta; etapas principais do processo disciplinar; interdição cautelar do exercício da medicina em procedimento disciplinar e em procedimento administrativo.

Modifiquei o sumário para facilitar a localização dos assuntos e agreguei novas notas explicativas, decisões judiciais e acórdãos do Tribunal Superior de Ética Médica mais contemporâneos, resoluções e pareceres do Conselho Federal de Medicina, na parte em que interessam aos processos disciplinares.

Enfim, mantive informações essenciais para o médico saber defender-se quando acusado de praticar infração ética e, também, para as pessoas saberem a quem e como proceder quando precisarem denunciar acontecimentos antiéticos, prejudiciais ao paciente.

Décio Policastro

INTRODUÇÃO À 1ª EDIÇÃO

Na prática cotidiana, qualquer profissional pode incorrer em infrações de natureza ética mais graves ou menos graves.

Os Conselhos de Medicina possuem regras próprias para apurar denúncias de violação ao Código de Ética Médica, o qual contém as normas que devem ser seguidas no exercício da profissão médica.

Só a perspectiva de sofrer de repente uma denúncia injusta, já aterroriza o bom profissional. Por isso precisa saber como se defender.

No mais das vezes o médico que infringiu a ética tem a defesa prejudicada, por desconhecer a mecânica dos procedimentos disciplinares. O denunciante, por sua vez, não sabe como agir quando quer apresentar uma reclamação junto aos Conselhos.

Este livro traz informações fundamentais sobre os procedimentos disciplinares administrativos – sindicância e processo ético-profissional –, disposições legais pertinentes, orientações dos Conselhos de Medicina, manifestações dos tribunais superiores e a íntegra do Código de Processo Ético-Profissional que está em vigor aprovado pela Resolução n. 1.897, de 17 de abril de 2009, com as alterações da Resolução CFM n. 1.953, de 14 de julho de 2010, do Conselho Federal de Medicina.

É, por assim dizer, um guia de ação, útil ao médico, ao estudante de medicina e às pessoas interessadas em saber de como proceder ao se defrontarem com uma falha médica ou com uma conduta antiética.

Décio Policastro

ABREVIATURAS

AI	Agravo de Instrumento
A.J.	Assessoria Jurídica
AMS	Apelação em Mandado de Segurança
Ap. cív.	Apelação cível
art.	artigo
BA	Bahia
Câm.	Câmara
CEM	Código de Ética Médica
CF	Constituição Federal
CFM	Conselho Federal de Medicina
Cons.	Consulta
conv.	convocado
CP	Código Penal
CPEP	Código de Processo Ético-Profissional
CPC	Código de Processo Civil
CPP	Código de Processo Penal
CREMESP	Conselho Regional de Medicina do Estado de São Paulo
CREMERS	Conselho Regional de Medicina do Rio Grande do Sul
CRM	Conselho Regional de Medicina
CRMs	Conselhos Regionais de Medicina
D.E.	Diário Eletrônico
DEJ	Departamento Jurídico
Des. Fed.	Desembargador Federal
Desa.	Desembargadora

DF	Distrito Federal
DJ	Diário da Justiça
e-DJF1	Diário Eletrônico da Justiça Federal da Primeira Região
DOU	Diário Oficial da União
ed.	edição
et al.	et alii (e outros)
fl.	folha
fls.	folhas
HC	Habeas Corpus
j:	julgamento
MG	Minas Gerais
Min.	Ministro
MS	Mandado de Segurança
n.	número
p.	página
PEP	Processo Ético-Profissional Médico
pp.	páginas
proc.	processo
Rec.	Recurso
Rel.	Relator
REsp	Recurso Especial
RMS	Recurso em Mandado de Segurança
SC	Santa Catarina
SP	São Paulo
STF	Supremo Tribunal Federal
STJ	Superior Tribunal de Justiça
TAC	Termo de Ajustamento de Conduta
TACs	Termos de Ajustamento de Conduta
TJRS	Tribunal e Justiça do Rio Grande do Sul
TJDFT	Tribunal de Justiça do Distrito Federal e dos Territórios
TRF	Tribunal Regional Federal
TSEM	Tribunal Superior de Ética Médica
v.u.	votação unânime

SOBRE A APLICAÇÃO DO CÓDIGO DE PROCESSO ÉTICO-PROFISSIONAL MÉDICO

1. Os Conselhos de Medicina

O Conselho Federal e os Conselhos Regionais de Medicina foram instituídos pelo Decreto Lei n. 7.955, de 13 de setembro de 1945. Posteriormente a Lei n. 3.268/57[1] o revogou surgindo o Decreto n. 44.045/58[2]. A Lei deu aos Conselhos o caráter de autarquia, dotando-os de personalidade jurídica de direito público com autonomia administrativa e financeira, introduzindo-os no ordenamento jurídico com a finalidade de zelar pela observância dos princípios éticos da Medicina, trazer as primeiras regras do processo administrativo ético-profissional e estabelecer as penalidades que devem ser aplicadas quando a conduta do profissional for passível de punição. O Decreto aprovou o Regulamento dos

---

[1] Lei n. 3.268, de 30 de setembro de 1957 – Dispõe sobre os Conselhos de Medicina, e dá outras providências.
[2] Decreto n. 44.045, de 19 de julho de 1958 – Aprova o Regulamento do Conselho Federal e Conselhos Regionais de Medicina a que se refere a Lei n. 3.268, de 30 de setembro de 1957.

Conselhos. Ambos, lei e decreto, vigem até hoje, com algumas alterações.

◊ ◊ ◊

Há um Conselho Regional de Medicina na capital de cada Estado e um no Distrito Federal. O Conselho Federal situa-se na capital do país com jurisdição em todo o território nacional. É a instância máxima na esfera administrativa e o órgão revisor dos atos dos conselhos estaduais. Os Regionais têm atribuições cartorárias, normatizadoras e fiscalizadoras da atividade médica e estão subordinados ao Conselho Federal (Lei n. 3.268/57, art. 3º, art. 5º e art. 15; Decreto n. 44.045/58, art. 1º a art. 6º). Apenas médicos compõem os Conselhos.

Cada Conselho pode criar Delegacias Regionais, Comissões de Ética e Representação em regiões, cidades, municípios ou instituições, de acordo com as necessidades e especificidades regionais com atribuições, funcionamento e atuação de representantes, definidas em resoluções próprias. Às Delegacias e às Comissões de Ética são vedados a abertura e julgamento de processo ético-profissional (Estatuto para os Conselhos de Medicina, art. 24 e § 1º)[3].

◊ ◊ ◊

Os Conselhos Federal e Regionais, conquanto também funcionem como tribunais, são órgãos administrativos, não judiciais. Como tais, possuem regras próprias para a apuração das denúncias de violação

---

[3] Resolução CFM n. 1.541, de 18.12.1998 – Aprova o Estatuto para os Conselhos de Medicina.

ao Código de Ética Médica (CEM), principal diploma normativo da atividade médica-profissional. Neste estão as normas a serem observadas no exercício da profissão, nas atividades relativas ao ensino, pesquisas, administração de serviços de saúde e quaisquer outras em que são utilizados os conhecimentos advindos da Medicina.

◊ ◊ ◊

Quem detém o poder disciplinar de conhecer, apreciar e decidir os assuntos atinentes às infrações cometidas no exercício das atividades médicas e aplicar as punições são os Conselhos Regionais. Somente eles têm essas prerrogativas (Lei n. 3.268/1957, art. 15, letra "d", e art. 21).[4]

2. Diretrizes Processuais e Penalidades em Matéria Disciplinar

As fontes primárias informadoras das diretrizes processuais e das penalidades em matéria disciplinar são: (i) a Lei n. 3.268/57 (arts. 21 e 22); (ii) o Decreto n. 44.045/1958 (art. 10 a art. 23); (iii) o Estatuto para os Conselhos de Medicina (art. 36 a art. 39) e, especialmente, (iv) o Código de Processo Ético-Profissional

---

[4] Havendo suspeita de prática da Medicina por falso médico, o paciente ou seus familiares ou qualquer pessoa deve comunicar o fato à autoridade policial, por se tratar de atividade ilícita fora do âmbito da atuação dos Conselhos. O exercício ilegal da profissão de médico é crime, punível com detenção de seis meses a dois anos (Cód. Penal, art. 282).

(CPEP)[5], cuja aplicação é obrigatória em todo o território nacional no âmbito dos Conselhos Federal e Regionais de Medicina (art. 1º, § 1º da Resolução n. 2.145/2016). Algumas instruções e orientações também são encontradas em fontes subsidiárias: Resoluções, Pareceres e Súmulas[6].

Atente-se que é vedado ao médico desobedecer aos acórdãos e as resoluções dos Conselhos Federal e Regionais de Medicina ou desrespeitá-los.

◊ ◊ ◊

Compete exclusivamente ao Conselho Regional de onde o médico estiver inscrito ao tempo do fato punível ou do lugar em que ocorreu ou, ainda, de onde estiver exercendo a medicina, mesmo que temporariamente, conhecer, apreciar e decidir os assuntos pertinentes à ética profissional, bem como aplicar as penalidades apropriadas. Entretanto pode ocorrer que, por decisão fundamentada da plenária ou da câmara, a apreciação da sindicância ou julgamento do PEP seja desaforada ao Conselho Federal com a respectiva remessa dos autos (Lei n. 3.268/1957, art. 15, letra "d", e art. 21; CPEP, art. 2º e art. 3º).

---

[5] Resolução CFM n. 2.145, de 17.5.2016 – Aprova o Código de Processo Ético-Profissional (CPEP) no âmbito do Conselho Federal de Medicina (CFM) e Conselhos Regionais de Medicina (CRMs), à qual o Código faz parte como anexo.
O Código entrou em vigor em 25.1.2017 – 90 (noventa) dias após sua publicação (CPEP, art. 128) – DOU de 27 de outubro de 2016, seção I, p. 329.

[6] "Fontes primárias" ou diretas: onde devem ser buscadas as regras que regem o processo administrativo ético-profissional; "subsidiárias" ou indiretas: onde devem ser buscadas as regras não encontradas nas fontes primárias.

A jurisdição disciplinar não substitui a jurisdição comum quando a conduta punível constituir crime (Lei n. 3.268/1957, art. 21, Parágrafo único). É que as decisões proferidas nos processos disciplinares são de natureza administrativa independentes das decisões proferidas nos processos judiciais cíveis ou criminais relativamente aos mesmos fatos[7]. A decisão do juízo criminal somente interessará à apuração da conduta ética punível, quando o juiz absolver o réu por estar provada a inexistência do fato ou, então, pela prova de que ele não contribuiu para a infração penal (CPEP, art. 5º, § 1º e § 2º)[8].

◊ ◊ ◊

Não será demasiado anotar que, no rigor técnico, os vocábulos processo e procedimento administrativo não se confundem: "Os atos que constituem o processo sucedem-se de maneira regular, e segundo a forma que a lei determina, para serem praticados e se coordenarem. A essa sucessão coordenada dos atos do processo, e à forma de cada um e do respectivo encadeamento com outros atos, dá-se o nome de procedimento. Não se

---

[7] "Administrativo. Conselho Regional de Medicina. Princípio da independência dos poderes. (...) Não compete ao Poder Judiciário, que exerce a jurisdição, adentrar a conveniência nem a oportunidade da atividade da Administração quando dedicada à fiscalização inerente ao exercício do poder de polícia. A atribuição do Poder Judiciário é, tão somente, submeter a atividade administrativa ao crivo da constitucionalidade e da legalidade. (...)" (TRF da 4ª Região – Ap. civ. n. 2004.72.00.008771-3-SC – 4ª Turma – Rel. Des. Fed. Valdemar Capeletti – j: 2.4.2008, v.u. – trechos da ementa)

[8] Código de Processo Penal (Decreto-Lei n. 3.689/1941) – Art. 386. O juiz absolverá o réu, mencionando a causa na parte dispositiva, desde que reconheça: I – estar provada a inexistência do fato; (...) IV – estar provado que o réu não concorreu para a infração penal.

confunde processo com procedimento. Naquele, a nota específica dos atos que o compõem está na finalidade que os aglutina, ou seja, a composição do litígio *secundum ius*, para dar-se a cada um o que é seu. Tem o processo, portanto, um sentido preponderantemente teleológico ou finalístico, como instrumento que é da paz social, da Justiça e do império da ordem jurídica. Em função dessa *causa finalis*, os atos processuais reúnem-se e coordenam-se como relação jurídica complexa, em que figuram, ao lado do órgão jurisdicional do Estado, os sujeitos da lide, ou partes. Todos esses atos reunidos, em razão do signo finalístico da composição do litígio segundo as regras do direito objetivo, exteriorizam-se sob a forma de procedimento. (...) Só por antonomásia (substituição de um nome por outro) fala-se em processo administrativo para a designação de procedimentos formados em repartições públicas, no tocante a atividades diversas que ali realizam órgãos da Administração. Em tais casos, o que existe é apenas procedimento administrativo." (Marques, José Frederico. Manual de direito processual civil. São Paulo: Saraiva, 1976, pp. 8 e 9).

3. SINDICÂNCIA

Para averiguar se houve violação aos preceitos do CEM, o Código de Processo Ético dispõe da sindicância e do PEP (Processo Ético-Profissional Médico) [9,10].

---

[9] O Conselho Federal de Medicina e cada Conselho Regional podem ter e criar Câmaras e Comissões para agilizar suas atividades, com regulamentos e normas por eles elaboradas (Estatuto para os Conselhos de Medicina, art. 25).
[10] A sindicância e o PEP são analisados e julgados pelas Câmaras de Julgamento do CRM (CPEP, art. 8º e art. 9º).

Tanto uma como o outro, são conduzidos por Conselheiros, portanto, somente por médicos, os quais decidirão pela inocência ou culpa do indiciado.

A sindicância é meio investigativo sumário. Seu objetivo é verificar se ocorreu a falha ética comunicada ao Conselho ou o que chegou ao conhecimento deste por alguma forma (CPEP, art.12) para, se for o caso, ser instaurado o PEP que, ao final, culminará ou não com a punição do infrator do dever ético.

No geral o Conselho é provocado a se pronunciar a partir de uma queixa, reclamação, ou denúncia apresentada por paciente, familiar, vítima de erro médico, profissional de saúde, entidade hospitalar ou até mesmo por outro médico (CPEP, art. art.12, I e II).

Os Conselhos aceitam apenas denúncias por escrito, manuscritas ou digitadas, sem necessidade de observarem formas rígidas, e as verbais tomadas a termo por servidor designado. Têm de ser dirigidas ao Presidente do Conselho do local onde ocorreram os fatos, assinadas pelo denunciante, seu representante legal ou procurador, com identificação por inteiro do denunciante, relato pormenorizado dos fatos, a qualificação do médico denunciado quando possível e a indicação das provas documentais (CPEP, art.12, II, §1º, § 2º e § 6º)[11].

A pessoa jurídica, pública ou privada, também pode denunciar por intermédio de quem os estatutos indicarem ou por seus diretores ou sócios-gerentes (CPEP, art. 16).

---

[11] Ver em Anexos as Orientações do CFM sobre formulação de denúncias.

Recebida a denúncia, abre-se capa própria com a indicação do assunto, nome do denunciante e do denunciado, data e número a ela atribuído. Daí em diante, folhas e documentos a serem anexados – petições, documentos, despachos, pareceres, notas técnicas, decisões, acórdãos – são numerados em ordem crescente e rubricados por funcionário autorizado com um termo de juntada, formando-se assim os autos do procedimento, sendo vedada a juntada de peças no verso das folhas[12]. Sindicância e PEP devem ter a forma de autos judiciais (CPEP, art. 4º e Decreto n. 44.045/58, art. 10).

◊ ◊ ◊

Instaurada a sindicância, o Presidente do Conselho ou o Conselheiro Corregedor nomeia um Conselheiro Sindicante o qual irá produzir um relatório conclusivo com a identificação das partes; descrição dos fatos e circunstâncias em que ocorreram; nexo de causalidade, ou seja, a relação entre os fatos apurados e a conduta denunciada; existência ou inexistência de indícios da materialidade do que foi apurado com indicação dos dispositivos do CEM infringidos (CPEP, art.13, I a II, e § 1º). A tramitação da sindicância não ultrapassará o prazo de 180 dias, podendo ser excedido desde que por motivo justificado (CPEP, art.13, § 2º).

Após, o relatório será submetido à decisão da Câmara de Sindicância. cabendo ao Conselheiro Sindicante propor: (i) conciliação, se o caso permitir; (ii) termo de ajustamento de conduta (TAC), quando comportar; (iv) arquivamento da sindicância não havendo indícios

---

[12] Autos são o conjunto ordenado das peças do processo; termo, a declaração exarada em processo.

de infração ética; (v) havendo indícios de infração, instauração de PEP com proposta de interdição cautelar, se for o caso – nessa hipótese os autos serão encaminhados ao Conselheiro Corregedor a quem competirá assinar a portaria de abertura de PEP e nomear o Conselheiro Instrutor [13]; (vi) instauração de procedimento administrativo para apurar doença incapacitante, nos termos de resolução específica (CPEP, art. 14, art. 17, I a V e § 1º a § 6º).

Surgindo novas evidências, fatos novos ou constatado erro material depois do encerramento da instrução probatória, o Conselheiro Instrutor pode modificar, aditar ou corrigir o relatório, acrescentar outras transgressões e artigos bem como incluir mais denunciados. Modificações ou aditamentos têm de ser aprovados pela câmara ou pleno do CRM, garantindo-se o pronunciamento do denunciado para não prejudicar sua ampla defesa e o contraditório (CPEP, art. 34).

Do julgamento da Câmara de Sindicância do CFM que decidir pelo arquivamento de sindicância em curso no CRM, cabe recurso administrativo, no prazo de 30 (trinta) dias contados da juntada nos autos do respectivo comprovante de intimação. Nesse caso, havendo recurso do denunciante incluindo um ou alguns dos denunciados, a corregedoria instruirá o

---

[13] CREMESP – Súmula DEJ 002 – Recurso em Sindicância – A decisão, em Sindicância Administrativa, pela abertura de processo administrativo disciplinar, não enseja a interposição de recurso uma vez que não é terminativa. O duplo grau de jurisdição poderá efetivamente ser exercido ao final do procedimento administrativo disciplinar.

recurso com a cópia integral dos autos e o enviará ao CFM; os autos principais em relação aos demais denunciados permanecem tramitando no CRM (CPEP, art. 94, I e § 1º).

Sindicância sem andamento, pendente de decisão há mais de 3 (três) anos, será arquivada de ofício ou por requerimento da parte interessada, sem prejuízo da apuração da responsabilidade decorrente da paralisação (CPEP, art. 114).

◊ ◊ ◊

A desistência da sindicância pela parte denunciante somente será aceita quando não envolver lesão corporal de natureza grave (art. 129, §§ 1º a 3º do Código Penal), assédio sexual ou óbito do paciente (CPEP, art. 12, § 5º)[14].

Havendo sindicâncias ou processos contra um mesmo infrator com denúncias coincidentes ou se em uma

---

[14] Código Penal – Art. 129. Ofender a integridade corporal ou a saúde de outrem: Pena – detenção, de 3 (três) meses a 1 (um) ano. Lesão corporal de natureza grave § 1º Se resulta: I – Incapacidade para as ocupações habituais, por mais de 30 (trinta) dias; II – perigo de vida; III – debilidade permanente de membro, sentido ou função; IV – aceleração de parto: Pena – reclusão, de 1(um) a 5 (cinco) anos. § 2º Se resulta: I – Incapacidade permanente para o trabalho; II – enfermidade incurável; III – perda ou inutilização do membro, sentido ou função; IV – deformidade permanente; V – aborto: Pena – reclusão, de 2 (dois) a 8 (oito) anos. Lesão corporal seguida de morte. § 3º Se resulta morte e as circunstâncias evidenciam que o agente não quis o resultado, nem assumiu o risco de produzi-lo: Pena – reclusão, de 4 (quatro) a 12 (doze) anos. (...)

delas os fatos forem mais abrangentes, impõem-se a reunião dos autos para evitar decisões conflitantes [15 e 16].

◊ ◊ ◊

Mesmo sendo um procedimento preliminar, tomando o acusado conhecimento da imputação de ato antiético, ser-lhe-á útil apresentar manifestação escrita ao Conselho, para não prevalecer apenas a versão do denunciante. A rigor, nessa fase em que se busca unicamente a coleta de subsídios para a apuração de infração ética ou de inícios, não há necessidade da assistência de advogado. Todavia, considerando que caberá à Câmara de Sindicância decidir sobre o eventual arquivamento da denúncia ou sobre a instalação de processo (CPEP, art.17, II e IV), a prudência aconselha a orientação daquele profissional, mesmo porque o denunciante já poderá ter iniciado procedimentos judiciais de natureza cível e/ou criminal, ou o processo ético vir a desaguar na via judicial, situações em que o aconselhamento do advogado pode ser importante desde a instauração da sindicância[17]. Porém, tanto os advogados como as partes devem abster-se de outras intervenções, reservadas unicamente ao PEP, lugar certo para o contraditório ser estabelecido.

É conveniente fazer uma observação que não deixa de ter certa importância. Não raro surpreende a

---

[15] CREMESP – Súmula DEJ 018 – Conexão – Constatada a conexão ou a continência entre sindicâncias ou processos-éticos, os autos devem ser reunidos, por aplicação analógica do artigo 79 do Código de Processo Penal.
[16] Súmula n. 235 do STJ: "A conexão não determina a reunião de processos, se um deles já foi julgado".
[17] CF, art. 5º (...) XXXV – a lei não excluirá da apreciação do Poder Judiciário lesão ou ameaça a direito.

agressividade das palavras das partes e a utilização de termos desrespeitosos. A incontinência de linguagem, expressões injuriosas e excessos merecem advertência e repúdio. Ademais, são as palavras sóbrias e polidas e as expressões simples e respeitosas que dão melhor abrigo às boas razões.

◊ ◊ ◊

A sindicância não ocasiona nenhuma consequência punitiva. Sua finalidade é obter elementos para constatar a ocorrência de uma conduta antiética[18].

Baseados na garantia constitucional do contraditório e da ampla defesa (CF, art. 5º, LV), há quem diga que, mesmo sendo fase preambular sem aplicação de penas disciplinares onde não se estabelece o contraditório e nem cabe o oferecimento de defesa ou contestação, a presença de advogado ou defensor dativo seria indispensável durante o processamento da sindicância. Entendem que a ausência de defensor em processo administrativo disciplinar – compreendida a expressão em seu amplo sentido: sindicância e processo ético –, seria causa de sua nulidade. Porém, o Supremo Tribunal Federal já definiu que a falta de defesa técnica por advogado no processo administrativo disciplinar não ofende a Constituição[19].

---

[18] CREMESP – Súmula DEJ 010 – Cerceamento de Defesa em Sindicância – A sindicância é uma forma de procedimento administrativo, sumário e informal, não acusatório, que tem por finalidade apurar indícios de possíveis irregularidades, não sendo alcançada pelo princípio do contraditório e da ampla defesa insculpido no artigo 5º, LV da Constituição Federal.

[19] A Súmula n. 343, do STJ ("É obrigatória a presença de advogado em todas fases do processo administrativo disciplinar."), perdeu

◊ ◊ ◊

Quando houver omissões e os elementos e provas forem insuficientes à compreensão dos fatos, o Conselheiro Corregedor poderá conceder o prazo de 15 dias para o denunciante adicionar o que faltar. A determinação deve ser atendida porque, findo o prazo sem cumprimento, o Conselheiro Corregedor poderá determinar o arquivamento da denúncia ou a instauração da sindicância de ofício (CPEP art. 12, § 3° e 4°).

Vale lembrar ao denunciado que, salvo motivo justificado, configura infração ética deixar de atender no prazo determinado as requisições administrativas, intimações ou notificações dos Conselhos.

3.1 Sindicância e sigilo

Considerando que a queixa ou denúncia podem não proceder ou até mesmo decorrer de reclamação injusta, a imagem do profissional deve ser re guardada impedindo-se a publicidade antes do que ficar decidido. Por isso, para evitar danos irreversíveis, sindicância e PEP tramitam sob rigoroso sigilo processual tanto nos CRMs como

---

a eficácia em razão da edição da Súmula Vinculante n. 5 do STF: "A falta de defesa técnica por advogado no processo administrativo disciplinar não ofende a Constituição".
"Apelação Cível. Servidor Público. Município de Santa Maria. Processo Administrativo Disciplinar. Ampla defesa e contraditório respeitados. Defesa técnica por advogado. Desnecessidade. Súmula Vinculante n. 5 do STF." (TJRS – Ap. cív. n. 70042689125 – 4ª Câm. Cível – Rel. Des. Eduardo Uhlein – j: 31.10.2012, v.u)

no CFM (CPEP, art. 1º). No entanto, a rigidez exagerada pode violar direitos dos interessados.

Não obstante o sigilo que cerca os procedimentos disciplinares, as disposições processuais não impedem o acesso das partes e/ou procuradores aos autos. Podem examiná-los e anotar o que julgarem necessário à defesa sem, contudo, retirá-los da secretaria (Decreto n. 44.045/1958, art. 14 e Parágrafo único). Essa disposição, porém, dificulta o estudo detalhado dos fatos, argumentos e documentos apresentados, podendo levar a uma defesa deficiente.

A par disso revela-se ilegal dificultar ou negar a extração de cópias aos interessados. A Lei n. 9.784/99 [20] (art. 3º, II), e a Lei n. 8.906/1994[21] (art. 7º) asseguram ao administrado obter cópias de documentos contidos nos processos administrativos e conhecer as decisões proferidas[22].

---

[20] Lei n. 9.784, de 29 de janeiro de 1999 – Regula o processo administrativo no âmbito da Administração Pública Federal.
[21] Lei 8.906, de 04 de julho de 1994 – Dispõe sobre o Estatuto da Advocacia e da Ordem dos Advogados do Brasil.
[22] "Administrativo e constitucional. Mandado de segurança. Administração Pública. Recusa em fornecimento de cópia de documento. Interesse demonstrado. Exercício da advocacia. Art. 7º da Lei n. 8.906/1994. Ilegalidade do ato. Sentença mantida. 1 – Demonstrado o interesse do administrado no documento de que se requerem cópias, a recusa da Administração Pública no fornecimento da reprodução de documento referida configura ilegal. 2 – O patrono devidamente constituído pelo administrado, por meio de instrumento procuratório, é parte legalmente habilitada para pleitear os interesses daquele perante a Administração Pública, o que encontra respaldo no art. 7º da Lei n. 8.906/1994 (Estatuto da Advocacia). Remessa oficial desprovida."

Por conseguinte, impedir vista, dificultar ou restringir acesso em qualquer feito administrativo, além de prejudicar o imputado ofensor e lesar a prerrogativa funcional do advogado, desrespeita e contamina o direito à ampla defesa e ao contraditório, princípios fundamentais em matéria de direitos humanos[23, 24 e 25].

3.2. Comissões de Ética Médica e Sindicâncias

As Comissões de Ética Médica dos estabelecimentos de saúde devem encaminhar ao CRM as denúncias e/ou condutas antiéticas que tiverem ciência, nos termos da resolução específica (CPEP, art. 15).

As normas de organização, funcionamento, competências e a tramitação das sindicâncias nessas Comissões

---

(TJDFT – MS n. 20100111652255-DF – 5ª Turma Cível – Rel. Des. Angelo Passareli – j: 06.6.2012, v.u.)

[23] "Processo Civil. Administrativo. Processo Administrativo. Conselho Regional de Medicina. Erro médico. Vista dos autos fora do cartório. Prerrogativa funcional do advogado constituído pela parte interessada. Possibilidade. Art. 7º da Lei 8.906/94 e art. 3º, incisos II e IV da Lei 9.784/99." (STJ – REsp n. 1.112.443-SP – 1ª Turma – Rel. Min. Luiz Fux – j: 20.10.2009, v.u. – DJ 06.11.2009)

[24] "(...) 2 – A situação de sigilo profissional que deve ser protegida não alcança os próprios médicos indiciados, que foram precisamente os protagonistas dos fatos imputados. De igual modo não pode abranger o advogado, constituído para defesa, considerado que este tem que conhecer a fundo as circunstâncias factuais do processo, sendo-lhe defesa a divulgação de fato sigiloso do qual tomou conhecimento por dever de ofício, sob pena de incorrer em infração ético-profissional e criminal. (...)" (TRF da 1ª Região – AMS n. 90.01.03872-7-BA – 1ª Turma – Rel. Juiz Amilcar Machado – j: 30.11.1994, v.u. – trechos do acórdão)

[25] Parecer CFM n. 15/1988 – Processo-Consulta n. 094/87 – Assunto: Vista dos autos dos processos ético-profissionais fora das Secretarias dos Conselhos de Medicina.

encontram-se na Resolução CFM n. 1.657/2002, de 11.12.2002 (Regulamento das Comissões de Ética Médica).

◊ ◊ ◊

A existência das Comissões é exigida nos estabelecimentos hospitalares e pessoas jurídicas dedicadas ao exercício da Medicina, possuidoras de mais de 15 médicos (Regulamento, art. 4º).

Por delegação dos Conselhos, essas Comissões detêm funções sindicantes, educativas e fiscalizadoras nas respectivas áreas de abrangência. Devem manter autonomia e não podem ter vinculação ou subordinação à direção do estabelecimento, sendo do diretor técnico a obrigação de lhes prover as condições necessárias aos trabalhos (Regulamento, arts. 1º e 2º).

Compete-lhes supervisionar, orientar, fiscalizar o exercício da atividade médica; atentar para as condições de trabalho do profissional médico, sua liberdade, iniciativa, respeito aos preceitos éticos e legais e qualidade do atendimento oferecido aos pacientes; comunicar ao Conselho Regional quaisquer indícios de infração à lei ou dispositivos éticos e o exercício ilegal da profissão, práticas médicas desnecessárias e atos médicos ilícitos; instaurar sindicâncias, instruí-las, formular e encaminhar relatório acerca do problema e remetê-lo ao Conselho Regional sem emitir juízo; orientar os usuários das instituições onde atuam, sobre questões referentes à Ética Médica (Regulamento, art. 10). Na inexistência da Comissão de Ética Médica nos estabelecimentos de saúde, incumbirá ao diretor clínico comunicar as denúncias e condutas antiéticas de que tiver conhecimento ao CRM (CPEP, art. 15, parágrafo único).

◊ ◊ ◊

As Comissões estão obrigadas a instaurar sindicância sempre que receberem: (i) denúncia por escrito, por pessoa devidamente identificada e, se possível, fundamentada; (ii) denúncia, por escrito, do diretor clínico ou diretor técnico da entidade; (iii) deliberação delas próprias; (iv) solicitação da Delegacia Regional, Seccional ou Representação e (v) determinação do Conselho Regional de Medicina (Regulamento, art. 28).

Como as Comissões de Ética Médica não detêm poder decisório, constatada a existência de indícios de infração ética, uma vez instaurada e dada a oportunidade aos envolvidos para esclarecimentos e/ou manifestações, examinados documentos, realizadas audiências e analisado o relatório feito pelo membro sindicante nomeado pelo presidente da Comissão, a sindicância segue com o parecer conclusivo da Comissão para o Conselho Regional [26] (Regulamento, art. 29 a art. 33).

Nos casos de menor gravidade, não havendo danos causados a terceiros, permite-se às Comissões procurar conciliar as partes. Aceita a conciliação, o fato constará em ata especialmente lavrada a fim ser submetido a exame do Plenário do Conselho Regional (Regulamento, art. 34 e § 1º). Caso contrário, a sindicância será enviada ao Conselho Regional onde seguirá o tramite normal (Regulamento, art. 34, § 2º e art. 10, letra f).

---

[26] "Tendo conhecimento de infrações éticas que sejam cometidas por médicos, quaisquer que sejam elas, a Comissão de Ética deve abrir sindicância e apurar responsabilidades por 'dever de ofício', e encaminhar suas conclusões aos Conselho." – CREMESP – trecho do Parecer à Consulta n.132.903/07, aprovado em 07.02.2009.

3.3. Sindicância e conciliação

A conciliação entre partes em procedimento ético surgiu com o Código de Processo Ético-Profissional dos Conselhos de Medicina, aprovado pela Resolução CFM 1.617/2001. De lá para cá continuou autorizada nos códigos que lhe seguiram (Resolução CFM n. 1.897/2009; Resolução n. 2023/2013). No código atual (Resolução CFM n. 2145/2016) é admitida nos casos que não envolverem lesão corporal de natureza grave, assédio sexual e óbito do paciente (CPEP, art. 18).

Sua realização depende de proposta do Conselheiro Sindicante ou de outro membro da Câmara Sindicante e aceitação das partes, inadmitindo qualquer forma de acerto pecuniário.

Só é permitida no decorrer da sindicância antes, portanto, do seu encerramento e/ou da instauração do PEP (CPEP art. 18, § 1º e § 2º)[27].

Aprovada e homologada pela Câmara não caberá recurso algum, o que significa dizer que faz lei entre as partes. Não alcançando êxito, a sindicância prosseguirá (CPEP art. 18 § 3º e § 4º).

◊ ◊ ◊

---

[27] CREMESP – Súmula DEJ 001 Conciliação em Sindicância – Tendo em vista a busca pela verdade real e a apuração de fatos que envolvem muitas vezes direitos indisponíveis, durante o decorrer da sindicância, cabe ao Conselheiro Sindicante que a preside, a análise quanto à conveniência e oportunidade da realização da audiência conciliatória, não gerando qualquer nulidade a respectiva ausência.

Considerando que é faculdade do Conselheiro Sindicante propor ou não conciliação, a ausência da proposta conciliatória não causa nulidade do procedimento[28].

O Conselheiro Sindicante, a seu juízo, pode atender o pedido das partes e suspender o andamento da sindicância por prazo razoável para poderem se compor; caso não se conciliem o procedimento retomará o curso.

4. Termo de Ajustamento de Conduta

Os ajustamentos de conduta são admitidos quando o ato infracional praticado não ferir seriamente as normas éticas.

Foi com base na Lei n. 7.347/85[29] que o CFM editou a Resolução CFM n. 1.967/2011, dispondo sobre o Termo de Ajustamento de Conduta (TAC) no âmbito dos Conselhos, vindo a permitir sua introdução nos

---

[28] "Mandado de Segurança. Conselho Regional de Medicina. Instauração processo disciplinar sem a instauração de processo de conciliação. Legalidade. Artigo 9º do Código de Processo Ético-Profissional. I – O artigo 9º do Código de Processo Ético-Profissional no referente à realização de fase conciliatória constitui mera faculdade exigindo, inclusive, a expressa concordância das partes, até o encerramento da sindicância. II – O Conselho de Medicina tem a prerrogativa para a instauração de procedimento ético-disciplinar, possuindo a faculdade de propor ou não a conciliação das denúncias. III – Apelação não provida." (TRF da 1ª Região – AMS n. 2004.33.00.005892-8-BA – 8ª Turma – Rel. Des. Fed. Carlos Fernando Mathias – j: 14.02.2006, v.u.)

[29] Lei n. 7.347, de 24 de julho de 1945 – Lei de Ação Civil Pública – art. 5º, § 6º Os órgãos públicos legitimados poderão tomar dos interessados compromisso de ajustamento de sua conduta às exigências legais, mediante cominações, que terá eficácia de título executivo extrajudicial.

Códigos revogados de 2009 (art. 9º, § 6º) e de 2013 (art. 10, III).

◊ ◊ ◊

O CPEP vigente trata dos TACs na Seção IV e indica as diretrizes necessárias para sua aprovação e assinatura nos artigos 19 a 24. Conforme se depreende, são compromissos de ajustes de conduta com força jurídica convencionados por escrito, pelos quais a pessoa, física ou jurídica, reconhece perante o órgão público legitimado que o proceder ofende ou pode ofender interesse ético individual ou coletivo, comprometendo-se a adequar o comportamento de modo a eliminar a ofensa ou o risco. Em outras palavras: são uma espécie de transação em que o infrator se obriga a cessar e corrigir a prática antiética que lhe foi imputada.

Cabe ao Conselheiro Sindicante ou a outro membro da Câmara verificar, primeiramente, a pertinência da realização do ajuste (art. 17, II). Sendo viável, levará a proposta à apreciação da Câmara de Sindicância para aprovação quando, então, o TAC será firmado (art. 19, § 1º e 2º).

O TAC também é sigiloso e será assinado pelo membro da Câmara de Sindicância que o aprovar ou pelo Corregedor e o médico interessado. Figuram no instrumento o CRM, como compromitente, e o médico, como compromissário (CPEP, art. 20 e § 1º).

◊ ◊ ◊

Para valer, o documento precisa conter os seguintes elementos (CPEP, art. 21): (i) objeto: descrição do fato irregular imputado ao denunciado; (ii) cláusula de comportamento, impondo ao médico o comportamento que ficar determinado; (iii) cláusula de suspensão da sindicância, fixando o prazo de suspensão, levando em conta os prazos prescricionais estabelecidos no CPEP; (iv) cláusula de fiscalização, definindo como será feita a fiscalização do TAC e como o compromissário demonstrará o cumprimento das metas e obrigações assumidas. A corregedoria do CRM exercerá a fiscalização do cumprimento dos termos e condições estabelecidas. O descumprimento do ajuste provocará a instauração do PEP (CPEP, art. 22, § 1º e art. 23).

O médico que aderir ao TAC não poderá firmar outro durante cinco anos (CPEP, art. 24).

◊ ◊ ◊

O CPEP não prevê por quanto tempo valerão os termos e condições contidas no TAC. Contudo considerando que as cláusulas ajustadas produzem efeitos e consequências jurídicas em relação às obrigações assumidas, é plausível interpretar que o seu cumprimento mantem-se por prazo indeterminado.

5. Interdição Cautelar do Exercício da Medicina

Os Conselhos Regionais detêm o poder de interditar cautelarmente o exercício da medicina do médico que estiver causando danos ao paciente ou à população ou na iminência de causá-los, seja por ação ou omissão [30].

---

[30] "(...) O corpo de conselheiros do CREMERS aplicou como medida preventiva, por unanimidade, a suspensão temporária do exercício da medicina com fundamento nos arts. 2º e 15, alíneas "c", "h" e "j", da Lei 3.268/57, enquanto pendente de julgamento os recursos interpostos pelo agravante ao Conselho

Essa importante providência pode ser adotada no caso de falta ética grave por ocasião da instauração do PEP, no curso da instrução, na sessão de julgamento ou na fase recursal e, também, à época da abertura de procedimento administrativo quando o profissional contrair doença que o faça incapaz de praticar a medicina. Ambas as medidas são revestidas de absoluto sigilo processual.

O Conselheiro Genival Veloso de França, em Parecer emitido no Processo Consulta CFM n. 02/96, esclareceu claramente a diferença entre procedimento administrativo e processo ético-disciplinar: "(...) Os dois não se confundem, são completamente diversos.

Federal de Medicina de duas penas de censura pública e duas de cassação. Portanto, no caso, não se trata de negar a atribuição de efeito suspensivo ao recurso do agravante. Com efeito, a suspensão temporária do exercício profissional aplicada pelo CREMERS tem caráter cautelar e fundamento na preservação do interesse público na proteção da vida e integridade dos pacientes, tendo sido adotada em decorrência da gravidade excepcional dos fatos gerados pela conduta do agravante, os quais implicaram por duas vezes na pena de cassação imposta pelo órgão fiscalizador. É relevante ainda a informação documentada, trazida aos autos pelo CREMERS, da existência de duas novas sindicâncias por dois casos fatais, em que os procedimentos adotados pelo agravante correspondem aos mesmos que geraram a cassação. Assim, à primeira vista, deve ser mantida a decisão indeferitória da liminar, posto que a medida preventiva adotada pelo órgão fiscalizador visa à preservação da segurança e saúde da população que se sobrepõe ao interesse particular do profissional. Portanto, não merece reparo a decisão agravada. Ante o exposto, indefiro o efeito suspensivo. Intime-se o agravante para responder os termos do recurso, a teor do art. 527, V, do CPC. Porto Alegre, 09 de julho de 2003. (sic)" (TRF da 4ª Região – AI n. 2003.04.01.025198-5-RS – 4ª Turma – Rel. Des. Fed. Edgard Lippmann Jr. – j: 8.10.2003, v.u. – trechos do acórdão)

O primeiro é um conjunto de formalidades que devem ser observadas para a prática de determinados atos administrativos do interesse público e referida em norma específica. Já o processo ético-disciplinar é, em algumas vezes (como dos funcionários públicos), constitucionalmente obrigatório (art. 41) e, no nosso caso, de fundamento legal regulado pela Lei n. 3.268, de 30 de setembro de 1957 e pelo decreto n. 44.045, de 1º de julho de 1958, sempre que existam razões para aplicação de penas previstas por infração e dispositivos do Código de Ética Médica (...). Em suma, o processo ético-disciplinar é o meio de apuração de faltas de pessoas ligadas, de uma ou de outra forma, à administração pública; e o procedimento administrativo é a maneira específica de cumprimento de um ato exigido pelo poder público."

A preocupação do Conselho Federal, entidade maior da Medicina, guardião do respeito, reputação e boa imagem dos que exercem a profissão com dedicação e dignidade, está realçada neste considerando da antiga Resolução n. 1.987/2012 "(...) os Conselhos de Medicina têm como um de seus objetivos primordiais a proteção da sociedade, evitando que o diploma de médico sirva de instrumento para que profissionais dele se sirvam para enganar, prejudicar ou causar danos ao ser humano" e na seguinte passagem da Resolução n. 2.145/2016 "(...) os Conselhos de Medicina são, ao mesmo tempo, julgadores e disciplinadores da classe médica, cabendo-lhes zelar e trabalhar, utilizando todos os meios a seu alcance, pelo perfeito desempenho ético da medicina e pelo prestígio e bom conceito da profissão e dos que a exerçam legalmente".

5.1. Interdição em processo ético-disciplinar

Cabe do pleno do CRM acatar ou não a proposta do Conselheiro Sindicante para interditar cautelarmente o exercício profissional do médico que estiver prejudicando ou pondo em risco o paciente ou a população (CPEP, art. 17, IV e art. 25).

São requisitos essenciais para a interdição disciplinar ser ordenada: (i) prova da autoria e da materialidade da prática do procedimento danoso causado pelo médico; (ii) verossimilhança da acusação com os fatos constatados, isto é, os fatos denunciados precisam parecer verdadeiros; (iii) fundado receio de risco de dano irreparável ou de difícil reparação ao paciente, à população, ao prestígio e bom conceito da profissão, caso o acusado continue na atividade médica (CPEP, art. 26).

A decisão da interdição deve vir acompanhada das razões da aplicação, tem efeito imediato e implica no impedimento total ou parcial do exercício da medicina até o julgamento final do PEP. Como se trata de medida de caráter excepcional, a instauração do PEP é obrigatória; pode ser aplicada em qualquer fase e modificada e revogada a qualquer tempo pela plenária do CRM ou em grau de recurso, pela plenária do CFM, desde que em decisão fundamentada (CPEP, art. 26, § 2º e § 3º).

O recurso não tem efeito suspensivo (ver item 8), sendo de 30 dias, contados a partir do recebimento da ordem de interdição, o prazo para interposição (CPEP, art. 27).

A decisão de interdição cautelar produz seus efeitos em todo o território nacional e é publicada no Diário Oficial e no sítio eletrônico dos Conselhos de Medicina (CPEP, art. 29).

Os estabelecimentos onde o médico exerce as atividades deverão ser comunicados (CPEP, art. 30) e, no caso de interdição total, além da publicação em editais e comunicações às autoridades interessadas, a carteira profissional e a cédula de identidade de médico são apreendidas (CPEP, art. 101, § 3º).

5.2. Interdição em procedimento administrativo

Interdição cautelar que nada tem a ver com a do processo ético-disciplinar pode acontecer quando o médico adquirir doença que o incapacita a exercer a profissão.

Isso ocorre quando o Conselheiro Sindicante propõe, no relatório que submete à apreciação da Câmara de Sindicância, a instauração de procedimento administrativo para a constatação da doença incapacitante, nos termos de resolução específica (CPEP, art. 17, V e art. 33, § 4º).

Considerando que o art. 128 do CPEP não revogou expressamente a Resolução CFM n. 1.990/2012 – Regulamenta a apuração do procedimento administrativo quanto à existência de doença incapacitante, parcial ou total, para o exercício da Medicina –, suas normas permanecem válidas.

O Conselho, então, determina a instauração e com suporte em perícia médica, averigua se o médico encontra-se acometido de enfermidade que o impossibilita a prosseguir na prática da atividade. Entretanto, o Conselho pode decidir desde logo pela interdição, se estiver convencido que a continuidade da atuação do médico está ou poderá causar malefícios às pessoas ou à sociedade.

A interdição cautelar não é penalidade e sim, exercício do poder de polícia dos Conselhos de Medicina.

6. Processo Ético-Profissional Médico (PEP)

A instauração do PEP concretiza-se quando, aprovado o relatório da sindicância elaborado pelo Conselheiro Sindicante, o Conselheiro Corregedor assina a respectiva portaria e nomeia o Conselheiro Instrutor que o conduzirá (CPEP, art. 17, IV e art. 32). O denunciado, então, é cientificado da inauguração do PEP e chamado a integrar a relação processual para, no prazo de 30 dias contados da comprovação da citação, apresentar defesa prévia sob pena de revelia (CPEP, art. 35 a art. 38, art. 39 § 1º e art. 44)[31].

A defesa prévia é o momento em que o denunciado tem a oportunidade para exercer o contraditório em toda a amplitude, refutar as imputações, especificar as provas que pretende produzir e arrolar até 5 (cinco testemunhas) para demonstrar a inexistência da infração e a correção da sua conduta[32] e, também, de levar aos autos a procuração do advogado que a subscrever (CPEP, art. 39 e art. 40).

As partes têm o direito de utilizar todos os meios legais para provar a existência e a verdade dos fatos. Provas obtidas de maneira ilegal são proibidas pela Constituição Federal e pelo CPEP, de modo que somente as conseguidas licitamente podem ser utilizadas para o convencimento dos conselheiros que julgarão o PEP (CF, art.5º, LVI, e CPEP, art. 48 e art. 52).

---

[31] Revel: aquele que é chamado a acompanhar processo movido contra ele e não atende o chamado ou, então, aquele que citado para se defender, não apresenta a defesa.

[32] CREMESP – Súmula DEJ 017 – Testemunhas – As testemunhas devem ser devidamente qualificadas pela parte, na oportunidade que lhe é concedida, sob pena de preclusão.

Anote-se que tanto a Lei n. 3.268/1957 (art. 22, § 3º) como o CPEP preveem a designação de defensor dativo (defensor nomeado) para assistir o acusado declarado revel (CPEP, art. 45 a art. 47). Ausente o defensor, estará violada a garantia constitucional do contraditório e da ampla defesa ocasionando a nulidade do processo (CF, art. 5º, LV) [33 e 34].

◊ ◊ ◊

A instrução começa com a determinação da citação do denunciado pelo Conselheiro Instrutor e prossegue com a coleta dos elementos necessários ao esclarecimento das questões ou dos fatos, para que os julgadores possam proferir a decisão, convictos da existência ou inexistência do apontado comportamento antiético[35 e 36].

---

[33] "Nos Conselhos de Medicina, a melhor forma de indicar o defensor dativo é através de contratação de advogado legal e profissionalmente habilitado, sendo que as despesas devem correr por conta do Regional. (...) O que deve ficar bem claro é que, por qualquer razão, a ausência de defensor para o revel é motivo de nulidade processual, por afrontar o princípio constitucional da ampla defesa (Parecer-Consulta CFM n. 13/89). O cerceamento da defesa é a restrição do direito que todo homem tem de defender-se, qualquer que tenha sido o crime cometido." (FRANÇA, Genival Veloso de; et al. Comentários ao Código de Processo Ético-Profissional dos Conselhos de Medicina do Brasil. 3ª ed. Rio de Janeiro : Forense, 2010, p. 44)

[34] Ver nos Apensos a Resolução CFM n. 1961/2011 – Dispõe sobre a nomeação, as atribuições e remuneração dos defensores dativos no âmbito dos Conselhos Federal e Regionais de Medicina.

[35] CREMESP – Súmula DEJ 021 – Endereço Atualizado nos Autos – Cabe às partes manterem o endereço atualizado nos autos e no cadastro do Conselho, quando médicos, sob pena de serem reputadas válidas as comunicações enviadas para os endereços informados ou cadastrados.

[36] CREMESP – Súmula DEJ 022 – Omissão de Dados Pessoais nos Autos – Os dados pessoais do denunciado devem estar

Nessa fase da dilação probatória é que são produzidas as provas requeridas pelas partes ou determinadas *ex ofício*; realizada audiência de instrução; requisitados pareceres técnicos de câmaras especializadas (CPEP, art. 53)[37 e 38], determinadas perícias ou inspeções; procedidos interrogatórios; tomados os depoimentos do denunciante e do denunciado; ouvidas testemunhas arroladas pelo denunciante, denunciado ou Conselheiro Instrutor; feitas acareações; examinados documentos, gravações ou degravações, etc. (CPEP, art. 48 a art. 78).

Na audiência de instrução, as partes formularão suas perguntas diretamente à testemunha, não sendo permitidas as que possam induzir respostas, as sem relação com a causa e as que importarem na repetição de outra já respondida (art. 61). O médico intimado pelo Conselheiro Instrutor para depor que não comparece sem justo motivo, sujeita-se às consequências previstas no CEM (CPEP, art. 74).

---

presentes nos autos para as devidas comunicações legais, sendo que tais informações poderão ser omitidas quando houver fundado receio de utilização indevida por alguma das partes envolvidas.

[37] Pareceres são escritos de caráter consultivo destinados a orientar as decisões administrativas. As Câmaras Técnicas Especializadas são órgãos de assessoramento do CFM em áreas específicas do conhecimento médico.

[38] CREMESP – Súmula DEJ 009 – Comissão de Ética Médica e Câmaras Técnicas – A atuação da Comissão de Ética Médica devidamente instituída e registrada no âmbito do Conselho Regional de Medicina é de extrema importância para a elucidação dos fatos. Contudo seu trabalho é orientativo, não vinculando a decisão deste E. Conselho; neste mesmo sentido a aplicação das Câmaras Técnicas do CREMESP especializadas em determinadas especialidades médicas.

Finalizada a instrução, as partes têm 15 dias para apresentação das alegações finais por escrito: primeiro ao denunciante, depois ao denunciado (CPEP, 79, § 1º e § 2º)[39].

Vencido o prazo, após analisar o parecer da Assessoria Jurídica[40] quanto a eventuais preliminares e regularidade processual, o Conselheiro Instrutor lavra o termo de encerramento dos trabalhos e o encaminha ao Conselheiro Corregedor. Este, encontrando vício ou irregularidade, determinará o necessário para sanar as falhas e mandará intimar as partes para se manifestarem (CPEP, art. 80 e art. 81). A partir daí tem início os encaminhamentos que antecedem a sessão de julgamento. Finalizados, o Conselheiro Corregedor ordenará a inclusão do processo na pauta de julgamento bem como a intimação das partes com a antecedência de 10 dias da data da sua realização (CPEP, art. 82 a art. 84).

Concluídas as providências dos artigos 85 a 89 do CPEP – leitura de relatórios, manifestação da Assessoria Jurídica, apreciação de eventuais nulidades, sustentações orais, considerações finais, etc. – o Presidente da sessão tomará o voto de cada Conselheiro presente e anunciará o resultado do julgamento, intimando-se da

---

[39] CREMESP – Súmula DEJ 005 – Juntada de Documentos em Razões Finais – A juntada de documentos em Razões Finais, via de regra, não é permitida, cabendo às partes produzirem suas provas durante a fase instrutória. A autorização de juntada, nesta fase, somente é possível se forem documentos efetivamente novos, considerados como de relevância processual e produzidos após o encerramento da instrução.

[40] Opinião técnica dada por escrito sobre a questão jurídica ou administrativa (Regimento Interno do CFM, art. 13: "Ao presidente do CFM compete: (...) XII – supervisionar a assessoria jurídica do CFM").

decisão as partes, seus procuradores e defensor dativo, se houver (CPEP, art. 90 e art. 91). Lavrado o acórdão, os trabalhos da sessão serão encerrados[41].

No caso de decisão absolutória proferida em processo instaurado de ofício, encontrando-se presentes na sessão de julgamento o denunciado ou seu patrono, o Presidente poderá declarar, ao final, o trânsito em julgado da decisão (CPEP, art. 91, Parágrafo único).

O julgamento ocorre a portas fechadas, permitindo-se apenas a presença das partes e defensores, membros do CRM e da Assessoria Jurídica, além dos funcionários necessários ao desempenho dos trabalhos (CPEP, art. 92).

◊ ◊ ◊

Comprovado o falecimento do denunciado, a punibilidade será extinta por despacho do Conselheiro Corregedor (CPEP, art. 33, § 1º).

O PEP não poderá ser extinto por desistência do denunciante ou em razão do seu falecimento. Em ambas as hipóteses prosseguirá de ofício (CPEP, art. 33 e § 2º)[42].

Se, porventura, o cônjuge, companheiro(a), pais, filhos ou irmãos do denunciante falecido desejarem, poderão ser admitidos no processo, assumindo-o, porém, no estado em que se encontrar (CPEP, art. 33, § 3º).

---

[41] Ver em Anexos a Ordem dos Trabalhos da Sessão de Julgamento dos Processos Ético-Profissionais no Conselho Federal de Medicina.

[42] CREMESP – Súmula DEJ 013 – Arquivamento do Processo – No processo ético-profissional vige o princípio da supremacia do interesse público sobre o privado, não sendo possível o seu arquivamento quando há a desistência do denunciante na condução do mesmo.

7. Penas aplicáveis

No caso de procedência do PEP, o profissional sofrerá uma das cinco penas disciplinares previstas na Lei n. 3.268/1957 (art. 22), impostas segundo a gravidade da infração cometida: (a) advertência confidencial em aviso reservado; (b) censura confidencial em aviso reservado; (c) censura pública em publicação oficial; (d) suspensão do exercício profissional em até 30 (trinta) dias; e, como pena máxima, (e) cassação do exercício profissional, a ser referendada pelo Conselho Federal (CPEP, art. 93).

Repare-se que o § 1º do art. 22 da Lei 3.268/1957 estabelece como regra que, salvo nos casos de manifesta gravidade a exigir a adoção imediata da penalidade mais grave, a imposição das penas observará a gradação do mencionado artigo.

A pena de advertência confidencial é empregada nas infrações leves (exemplos: não utilização dos meios disponíveis de diagnóstico ou de tratamento; anúncio de títulos para o qual não está qualificado) e a de censura, quando a falta for pouco grave ou se o infrator for reincidente (exemplo: desrespeito do sigilo profissional). Em ambas, a falta não deverá ter causado nenhum dano. Uma como outra têm caráter reservado e são comunicadas formalmente ao apenado (CPEP, art. 101, § 1º).

A censura pública já é uma pena condizente com infração mais grave (exemplos: anestesiologista que se afasta da sala cirúrgica durante ato anestésico com dano ao paciente; dirigente de instituição que utiliza a posição hierárquica para restringir a autonomia de outros médicos subordinados). Em um primeiro momento, comparada com o efeito danoso da falta, pode parecer uma punição branda. Porém, como na relação médico paciente a confiança é essencial, para não dizer indispensável, evidente que essa penalidade abala seriamente a reputação do profissional e repercute no exercício da sua atividade.

A suspensão do exercício profissional em até trinta dias é reservada aos que cometem faltas graves em grau ainda mais elevado e cuja continuidade no exercício da medicina pode constituir grande risco de danos irreparáveis ou de difícil reparação ao paciente ou à sociedade (exemplo: usar a profissão para corromper costumes, cometer ou favorecer crime, praticar ato médico sem a necessária qualificação técnica).

A pena máxima – cassação do exercício profissional – é aplicada em caso de infração de tal gravidade que, uma vez imposta, o médico não pode mais exercer a medicina no país.

Sejam quais forem, as penalidades são anotadas no prontuário do infrator[43].

◊ ◊ ◊

As penas de censura pública, suspensão do exercício profissional em até 30 (trinta) dias e cassação do exercício profissional, são publicadas no Diário Oficial do Estado, do Distrito Federal ou da União, em jornal de grande circulação, jornais ou boletins e sítio eletrônico do CRM (art. 101, § 2º).

As de suspensão do exercício profissional em até 30 (trinta) dias, cassação do exercício profissional e

---

[43] Lei n. 3.268, de 30.9.1957, art. 18 § 4º; CPEP, art. 101.

interdição cautelar total, além da publicação dos editais e das comunicações às autoridades interessadas, ocasionam a apreensão pelo Conselho da carteira profissional que habilita exercer a Medicina e da cédula de identidade de médico (art. 101, § 3º).

◊ ◊ ◊

Atingido pelas punições de cassação ou de interdição, o médico que desrespeita a decisão do CFM e continua na prática da Medicina, comete o delito de exercício de atividade com infração de decisão administrativa[44].

◊ ◊ ◊

Como acontece com a sindicância, o PEP que ficar sem despacho ou julgamento por mais de 3 (três) anos será arquivado *ex officio* ou a requerimento da parte interessada, sem prejuízo da verificação da responsabilidade resultante da paralisação (CPEP, art. 114).

O Código de Processo Ético-Profissional determina a aplicação imediata das suas disposições aos processos disciplinares em trâmite, mantendo válidos os atos processuais realizados sob a vigência do código anterior e esclarece que a norma processual não tem efeito retroativo (CPEP, art. 127).

8. Recursos e efeitos

Da imposição de qualquer penalidade sempre caberá recurso para o CFM. O recurso pode ser interposto por qualquer das partes ou *ex officio* no prazo de 30 dias,

---

[44] CP, art. 205 – pena: detenção, de 3 (três) meses a dois anos, ou multa.

contados a partir da juntada nos autos do comprovante de intimação da decisão (Decreto n. 44.045/58, arts. 18, 19 e Parágrafo único e CPEP art. 94 e art.126)[45].

O prazo recursal é definitivo e extintivo. Vencido, não comporta prorrogação e faz terminar o processo. Falando mais apropriadamente: é peremptório[46].

Os recursos são dotados de efeito suspensivo e devolutivo (CPEP, art. 94, § 2º)[47].

O § 4º do artigo 22 da Lei n. 3.268/57 dispõe que o recurso não produz efeito suspensivo, salvo nas hipóteses de censura pública em publicação oficial (alínea c); suspensão até 30 (trinta) dias do exercício profissional (alínea d) e cassação do exercício profissional, *ad referendum* do Conselho Federal, quando então terá efeito suspensivo.

Contudo, se as infrações ou motivos forem de tal gravidade a ponto de reclamarem medida urgente para preservar o interesse público e proteger a vida e a integridade dos pacientes, justifica-se a interdição total ou

---

[45] Súmula DEJ 011 do CREMESP: "Tempestividade recursal. O prazo recursal, como indicado no artigo 68 do CPEP (atual art.126), conta-se a partir da juntada aos autos da comprovação da notificação da decisão. O envio de cópias para outra delegacia do CREMESP constitui-se em mera faculdade da parte recorrente, não incorrendo em necessária dilação de prazo em razão de eventual demora no envio das cópias."

[46] Súmula DEJ 012 do CREMESP: "Prazo Recursal. O prazo recursal é peremptório, não sendo possível a sua prorrogação sem que haja justo motivo comprovado nos autos."

[47] Efeito suspensivo significa que a execução da decisão somente será iniciada depois de confirmada pela instância superior. Efeito devolutivo significa que a instância superior examina novamente a parte da decisão relacionada com o inconformismo do recorrente ou, então, todas as questões suscitadas e decididas na instância inferior.

parcial do exercício da medicina, antes mesmo do julgado tornar-se definitivo (CPEP, art. 25; ver acima item 5. Interdição Cautelar do Exercício da Medicina).

◊ ◊ ◊

O CPEP dispõe que nas seguintes situações o recurso possuirá ambos os efeitos, suspensivo e devolutivo, quando dirigido: (i) à câmara de sindicância do CFM contra o arquivamento de sindicância no âmbito do CRM; (ii) ao pleno do CRM, de ofício e/ou voluntário, da decisão proferida por sua câmara que aplicar a pena de cassação do exercício profissional, a ser referendada pelo Conselho Federal – letra "e" do art. 22, da Lei n. 3.268/57; (iii) à câmara do CFM contra a decisão proferida no PEP pelo CRM que absolver ou que aplicar as penas de advertência confidencial em aviso reservado, censura confidencial em aviso reservado, censura pública em publicação oficial e suspensão do exercício profissional em até 30 (trinta) dias – letras "a", "b", "c" ou "d", do art. 22, da Lei n. 3.268/57, cabendo recurso ao pleno da CFM se a decisão for tomada por maioria da câmara do CFM; (iv) ao pleno do CFM, de ofício e/ou voluntário, da decisão proferida no PEP pelo pleno CRM, ou por câmara do CFM, que aplicar a pena de cassação do exercício profissional – letra "e" do art. 22, da Lei n. 3.268/57 (art. 94, I a V).

O agravamento da pena imposta (*reformatio in pejus*), somente poderá ocorrer se o denunciante tiver recorrido nesse sentido (art. 94, § 3º).

Não produz efeito suspensivo, o recurso do médico interditado cautelarmente do exercício, total ou parcial, da medicina (CPEP, art. 27 e art. 94, § 5º).

◊ ◊ ◊

O Tribunal Superior de Ética Médica (TSEM) funciona como última instância do Conselho Federal. Sua organização, atribuições, composição e competência em matéria ético-processual, encontram-se no Regimento Interno do CFM (arts. 37 a 41) e nas normas para composição das câmaras de julgamentos[48,49 e 50]. Suas decisões adquirem a autoridade de coisa julgada material na esfera administrativa, isto é, a decisão torna-se imutável e indiscutível[51], de modo que, julgado o recurso naquela esfera, não será possível a interposição de outro, restando à parte inconformada recorrer ao judiciário (Lei n. 3.268/57, art. 22, § 5º).

Publicado o acórdão que julgou o recurso, os autos são devolvidos à instância em que o processo teve origem, para a execução do decidido (Decreto n. 44.045/58, art. 22; CPEP, arts. 100, 101 e 116).

◊ ◊ ◊

A garantia constitucional de ajuizar a pretensão não exige esgotar a via administrativa como requisito

---

[48] Resolução CFM 1.998/2012 – Aprova o Regimento Interno do Conselho Federal de Medicina.

[49] Resolução CFM n. 2.137/2016 – Estabelece normas para composição das câmaras de julgamentos do Tribunal Superior de Ética Médica do Conselho Federal de Medicina e revoga a Resolução CFM n. 1.364 – DOU de 22 de março de 1993, seção I, p. 3439 – e Resolução CFM n. 1.585/1999.

[50] Ver em Anexos a ordem dos trabalhos da sessão de julgamento dos processos ético-profissionais no Conselho Federal de Medicina.

[51] CPC: "Art. 502. Denomina-se coisa julgada material a autoridade que torna imutável e indiscutível a decisão de mérito não mais sujeita a recurso."

à propositura de ação judicial. Compete ao interessado decidir em qual esfera pretende discutir o direito que entende violado, descabendo a suposição de decisões conflitantes, uma vez que a decisão judicial sempre prevalece sobre a administrativa.

8.1. A Reclamação ao CFM

Os códigos anteriores não previam a figura da Reclamação ao CFM.

Com a sua introdução, ficou possível à parte interessada reclamar à uma das Câmaras do CFM a decisão do CRM que rejeitar o seguimento a recurso intempestivo ou que reconhecer a prescrição, no prazo de 30 (trinta) dias contados da juntada nos autos do comprovante da intimação (CPEP, art. 97 e § 1º).

O CRM não pode recusar o seguimento da Reclamação, a qual será julgada no CFM pelas mesmas normas aplicáveis no julgamento dos PEPs, no que couber (CPEP, art. 97, § 2º).

9. Prescrição da Pretensão Punitiva e da Pretensão Executória

A punibilidade por falta ética sujeita ao PEP prescreve em 5 (cinco) anos, contados do efetivo conhecimento do fato pelo CRM (CPEP – prescrição da pretensão punitiva – art. 112)[52 e 53]. Ou seja, os Conselhos têm o

---

[52] O espaço de tempo entre o início e o fim da contagem de um prazo denomina-se prazo prescricional ou prazo da prescrição.

[53] CREMESP – Súmula DEJ 008 – Prescrição da Pretensão Punitiva – O prazo prescricional para a punibilidade do

prazo de um quinquênio, contado do conhecimento do fato punível quando público ou notório, ou da data em que a representação ou a denunciação for protocolada, para exercerem a atividade punitiva. Depois disso, perdem a oportunidade de punir por não terem agido no tempo fixado pela norma processual.

Isso quer dizer que, verificada a prescrição administrativa punitiva, os Conselhos estarão proibidos de instaurar procedimentos disciplinares, realizar os respectivos julgamentos e aplicar as sanções pelas faltas atribuídas ao médico[54 e 55].

---

profissional médico, por falta sujeita a processo disciplinar, segundo a normativa vigente, é de 5 (cinco) anos, contados a partir do conhecimento do fato pelo E. Conselho Regional de Medicina, considerando-se as interrupções do prazo prescricional, na forma determinada pelo E. Conselho Federal de Medicina e demais normativa vigente.

[54] A Lei n. 9.873, de 23.11.1999 – Estabelece prazo de prescrição para o exercício de ação punitiva pela Administração Pública Federal, direta e indireta, e dá outras providências.

[55] "Processual Civil e Administrativo. Conselho Federal de Medicina. Processo Ético-Disciplinar. Prescrição da pretensão punitiva. Interrupção. Decisão condenatória recorrível. art. 2º, III, da Lei n. 9.873/99. 1. A Lei n. 9.873/99, que disciplina a prescrição da pretensão punitiva na esfera administrativa, aplica-se aos processos ético-administrativos promovidos pelas entidades de fiscalização do exercício profissional. 2. Na espécie, a decisão condenatória recorrível proferida pelo Conselho Regional de Medicina provocou a interrupção da prescrição da pretensão punitiva (art. 2º, III, da Lei n. 9.873/99). 3. "A Lei 9.873/1999, que estabeleceu prazo prescricional para o exercício da pretensão punitiva com relação à Administração Pública Federal direta e indireta, traz a decisão condenatória recorrível como marco interruptivo da prescrição. (Cf. STJ – RESP 1005450 – Relator Ministro Luiz Fux – data da publicação 14/05/2009)". (AI 0034459-72.2014.4.01.0000/DF,

A execução da pena prescreve igualmente em 5 anos, a começar da data em que o denunciado foi intimado da condenação (CPEP – prescrição da pretensão executória –, art. 116 e art. 100).

10. A Revisão do Processo

A partir da publicação, a decisão condenatória transitada em julgado poderá ser revista a qualquer tempo, quando apresentadas novas provas da inocência do médico condenado ou se for demonstrado que a condenação baseou-se em prova falsa (CPEP, art. 117, §§ 1º e 2º).

O pleito deve ser dirigido ao Presidente do CFM que o encaminha à Corregedoria e, depois do exame de admissibilidade com Nota Técnica emitida ou não pelo Setor Jurídico, verificação dos pressupostos e parecer do relator nomeado, submete-o a julgamento, conforme o caso, pela câmara ou pleno do CFM (CPEP, art. 118 e art. 119).

A revisão não tem efeito suspensivo. Julgada procedente, o CFM poderá anular a decisão, alterar sua capitulação, reduzir a pena ou absolver o profissional, não podendo, todavia, agravar a penalidade imposta (CPEP, art. 120 e art. 122).

Podem requerê-la: (i) o profissional condenado, por si ou por seu procurador; (ii) o cônjuge ou companheiro, descendente, ascendente e irmão; (iii) o curador, se

---

rel. Desembargador Federal José Amílcar Machado, 06.2.2015 e-DJF1 P. 1149). 4. Apelação não provida. Sentença mantida.) (TRF 1ª Região – Ap. Cível n. 2009.34.00.001927-9DF – 7ª Turma – Rel. Des. Federal Hercules Fajoses – j. 01.9.2015, v.u.)

interdito⁵⁶. Se o denunciado falecer e a revisão estiver sendo processada, as pessoas mencionadas no item (ii) poderão, observando aquela ordem, substituí-lo e dar continuidade à revisão. Caso contrário, o pedido será arquivado (CPEP, art. 121).

11. A Reabilitação Profissional

Passados 8 anos do cumprimento da pena e não tendo sofrido nenhuma outra penalidade, o médico pode aproveitar o benefício da reabilitação profissional junto ao CRM onde está inscrito e pedir a retirada do registro das condenações anteriores que constarem no seu prontuário (Lei n. 3.268/1957, art. 18, § 4º; Estatuto para os Conselhos de Medicina, art. 39 e CPEP, art. 124).

Tal benefício, entretanto, somente será concedido se não tiver sido punido com a pena de cassação do exercício profissional (art. 22, letra "e", da Lei n. 3.268/1957 e CPEP, art. 124, Parágrafo único)⁵⁷.

---

[56] Código Civil, art. 1.767.
[57] "Será inelegível para o Conselho Regional de Medicina o médico que: (...) VI – for condenado por infração ético-profissional, com decisão transitada em julgado ou proferida por órgão colegiado do Conselho Federal de Medicina. O período de inelegibilidade transcorre desde a data da condenação até oito anos após o cumprimento da pena, sem prejuízo da reabilitação, salvo se a decisão tiver sido anulada ou suspensa pelo Poder Judiciário, ou se tiver sido suspensa por órgão colegiado do Conselho Federal de Medicina, nos termos desta resolução." (Resolução CFM n. 1.993/2012, art. 11, VI)

12. Prioridade na Tramitação de Processos a Idosos e Enfermos

A Lei n. 9.784/99, reguladora do processo administrativo no âmbito da administração pública federal direta e indireta, assegura, no art. 69-A, incisos I a IV, prioridade na tramitação dos procedimentos administrativos em que figurem, como parte ou interessado, pessoa com idade igual ou superior a 60 anos, com deficiência física ou mental e pessoas portadoras de tuberculose ativa, esclerose múltipla, neoplasia maligna, hanseníase, paralisia irreversível e incapacitante, cardiopatia grave, doença de Parkinson, espondiloartrose anquilosante, nefropatia grave, estados avançados da doença de Paget (osteíte deformante), contaminação por radiação, síndrome de imunodeficiência adquirida ou outra doença grave, com base em conclusão da medicina especializada, mesmo que a doença tenha sido adquirida após o início do processo.

Como o legislador mencionou pessoa, parte ou interessado, o privilégio contempla ambos, denunciante e denunciado.

◊ ◊ ◊

O Estatuto do Idoso[58] e, no âmbito do judiciário, o Código de Processo Civil[59] priorizam a tramitação, em qualquer instância, dos processos, procedimentos e execução de atos e diligências processuais em que a parte, interveniente ou interessado, tenha idade igual ou

---

[58] Lei n. 10.741, de 01.10.2003 – Dispõe sobre o Estatuto do Idoso e dá outras providências.
[59] Lei 13.105, de 16.3.2015 – Código de Processo Civil.

superior a 60 anos (Estatuto do Idoso, art. 71 e CPC, art. 1.048, I).

A morte do beneficiado não interrompe o favor legal. Estende-se ao cônjuge supérstite, companheiro ou companheira em união estável, maior de 60 anos (Estatuto do Idoso, art. 71, § 2º; CPC, art. 1.048, § 3º).

◊ ◊ ◊

Em 12 de julho de 2017 foi promulgada a Lei n. 13.466, que modificou o Estatuto do Idoso para proporcionar atendimento preferencial aos maiores de oitenta anos em relação aos demais idosos[60].

◊ ◊ ◊

Para obter a prioridade, bastará ao interessado requerer o benefício à autoridade administrativa ou judiciária competente para decidir o feito, acompanhado da prova da sua condição (Lei n. 9.784, art. 69-A, § 1º; CPC, art. 1.048, § 1º).

---

[60] Lei n. 13.466 – Altera os arts. 3º, 15 e 71 da Lei n. 10.741, de 1º de outubro de 2003, que dispõe sobre o Estatuto do Idoso e dá outras providências.

CÓDIGO DE PROCESSO ÉTICO – PROFISSIONAL*

CAPÍTULO I
DO PROCESSO EM GERAL

Seção I
Das Disposições Gerais

Art. 1º A sindicância e o processo ético-profissional (PEP) nos Conselhos Regionais de Medicina (CRM) e no Conselho Federal de Medicina (CFM) serão regidos por este Código de Processo Ético-Profissional (CPEP) e tramitarão em sigilo processual**.

---

* Resolução CFM n. 2.145, de 17.5.2016 – Aprova o Código de Processo Ético-Profissional (CPEP) no âmbito do Conselho Federal de Medicina (CFM) e Conselhos Regionais de Medicina (CRMs) – DOU de 27 de outubro de 2016, seção I, p. 329.
** Com a alteração da Resolução CFM n. 2.158, de 14.01.2017 que excluiu a expressão "quanto ao conteúdo" depois da

Parágrafo único. As sanções confidenciais, previstas no art. 22, letras "a" e "b" da Lei n° 3.268/1957, não poderão ser tornadas públicas, mesmo após a conclusão definitiva do PEP.

Art. 2° A competência para apreciar e julgar infrações éticas é do CRM em que o médico esteja inscrito ao tempo da ocorrência do fato punível.

Parágrafo único. A competência para instaurar sindicância, analisar seu relatório e, se for o caso, instaurar o PEP e sua instrução é do CRM onde o fato punível ocorreu, ainda que o médico não possua inscrição na respectiva circunscrição; ou, tendo sido inscrito, já tenha sido transferido para a circunscrição de outro CRM.

Art. 3° A apreciação de sindicância ou o julgamento do PEP poderá ser desaforada por decisão fundamentada da plenária ou da câmara respectiva, com a remessa dos autos ao Conselho Federal de Medicina.

Art. 4° A sindicância e o PEP terão forma de autos judiciais, com as peças anexadas por termo e os despachos, pareceres, notas técnicas, petições e decisões ou acórdãos juntados em ordem cronológica, sendo vedada a juntada de qualquer peça ou documento no verso de folhas já constantes nos autos.

Art. 5° O processo e julgamento das infrações às disposições previstas no Código de Ética Médica (CEM) são independentes, não estando em regra, vinculado ao processo e julgamento da questão criminal ou cível sobre os mesmos fatos.

---

palavra tramitação – DOU de 27 de janeiro de 2017, seção I, p. 201.

§ 1º A responsabilidade ético-profissional é independente da criminal.

§ 2º A sentença penal absolutória somente influirá na apuração da infração ética quando tiver por fundamento o art. 386, incisos I (estar provada a inexistência do fato) e IV (estar provado que o réu não concorreu para a infração penal) do Decreto-L e i nº 3.689/1941 (CPP).

Art. 6º A apreciação de sindicância e a instrução e o julgamento do PEP que envolva conselheiro obedecerá às seguintes regras:

I – a sindicância será instruída pelo CRM onde o fato ocorreu e sua apreciação, por decisão fundamentada da plenária, poderá ser desaforada, com a remessa dos autos ao CFM;

II – decidida a instauração do PEP, a instrução ocorrerá no CRM onde o fato ocorreu, que o remeterá ao CFM para desaforamento do julgamento.

Art. 7º O presidente dos Conselhos Federal e Regionais de Medicina poderão delegar aos corregedores a designação do conselheiro sindicante, instrutor, relator e revisor.

Art. 8º A sindicância será analisada em câmara específica.

Art. 9º O PEP será julgado diretamente pelo pleno nos CRMs que não possuírem, regimentalmente, câmaras de julgamento.

Art. 10. Os servidores dos CRMs, obrigados ao sigilo processual, poderão receber delegação para a prática de atos de administração de mero expediente sem caráter decisório;

Art. 11. O CRM poderá suspender o curso do prazo processual nos dias compreendidos entre 20 de dezembro e 20 de janeiro, inclusive.

Seção II
Da Sindicância

Art. 12. A sindicância será instaurada:

I – de ofício pelo próprio CRM;

II – mediante denúncia escrita ou verbal, com identificação completa do denunciante, na qual conste o relato circunstanciado dos fatos, e quando possível, a qualificação completa do médico denunciado, com a indicação das provas documentais.

§ 1º A denúncia verbal deverá ser tomada a termo por servidor designado.

§ 2º A denúncia deverá ser dirigida ao CRM, devidamente assinada pelo denunciante, seu representante legal ou por procurador devidamente constituído.

§ 3º Caso a denúncia esteja deficiente a ponto de comprometer sua exata compreensão em relação aos fatos e provas, o corregedor poderá conceder ao denunciante prazo de 15 dias para sua complementação.

§ 4º Se o denunciante não cumprir o disposto no parágrafo antecedente, o corregedor levará a denúncia para apreciação da câmara de sindicância, onde poderá ser arquivada ou determinada a instauração de sindicância de ofício, para apurar os fatos nela contidos.

§ 5º A sindicância poderá ser arquivada por desistência da parte denunciante a critério de decisão da Câmara do CRM e, somente será admitida nos casos em que não envolvam lesão corporal de natureza grave (art. 129, §§ 1° a 3° do Código Penal), assédio sexual ou óbito do paciente.

§ 6° A denúncia anônima não será aceita.

Art. 13. Determinada a instauração de sindicância, o corregedor nomeará conselheiro sindicante para apresentar relatório conclusivo que deverá conter obrigatoriamente:

I – identificação completa das partes, quando possível;

II – descrição dos fatos e circunstâncias em que ocorreram;

III – indicação da correlação entre os fatos apurados e a eventual infração ao Código de Ética Médica;

IV – conclusão indicando a existência ou inexistência de indícios de infração ao Código de Ética Médica;

§ 1° Na parte conclusiva, o relatório deve apontar os indícios da materialidade e da autoria dos fatos apurados, de modo específico a cada artigo do CEM supostamente infringido.

§ 2° A sindicância tramitará no CRM do local da ocorrência do fato por até 180 dias, podendo, por motivo justificado, esse prazo ser excedido.

Art. 14. Se com a denúncia forem oferecidos elementos fáticos e documentais suficientes, o corregedor determinará a abertura de sindicância. Neste caso, o sindicante elaborará imediato relatório que será levado à câmara de sindicância para apreciação.

Art. 15. A comissão de ética médica dos estabelecimentos de saúde deverá encaminhar ao CRM as denúncias e/ou condutas antiéticas que tiver ciência, nos termos da resolução específica.

Parágrafo único. Na inexistência da comissão de ética médica nos estabelecimentos de saúde, caberá ao diretor clínico fazer a comunicação prevista no caput.

Art. 16. A pessoa jurídica, pública ou privada, poderá exercer o direito de denúncia, devendo ser representadas por quem a lei ou os respectivos estatutos indicarem, ou no silêncio destes, pelos seus diretores ou sócios-gerentes.

Art. 17. O relatório conclusivo da sindicância, devidamente fundamentado, será levado à apreciação da câmara de sindicância, com o seguinte encaminhamento:

I – propor conciliação, quando pertinente;

II – propor termo de ajustamento de conduta (TAC), quando pertinente;

III – arquivamento: se indicar a inexistência de indícios de infração ao Código de Ética Médica;

IV – instauração de PEP: se indicar a existência de indícios de infração ao Código de Ética Médica, cumulada ou não de proposta de interdição cautelar. Neste caso, os autos serão encaminhados ao corregedor a quem competirá assinar portaria de abertura de PEP; bem como nomear conselheiro instrutor;

V – instauração de procedimento administrativo para apurar doença incapacitante, nos termos de resolução específica.

§ 1º Havendo necessidade de qualquer diligência, os autos serão remetidos ao conselheiro sindicante para que a cumpra na forma em que for deliberada pela câmara, no prazo de 30 (trinta) dias.

§ 2º Qualquer membro da câmara, não se sentindo apto a se manifestar, poderá pedir vistas dos autos pelo prazo de 30 (trinta) dias.

§ 3º O relatório conclusivo da sindicância que determinar a instauração de PEP, na forma do art. 17, inciso IV, acompanhará o mandado de citação do denunciado.

§ 4º Em caso de divergência ao relatório do sindicante, o voto divergente deverá ser formalizado e juntado aos autos.

§ 5º A instauração de PEP, quando cumulada com interdição cautelar, é da competência exclusiva do pleno do CRM.

§ 6º O processo administrativo para apurar doença incapacitante tramitará em autos próprios, com a suspensão do PEP por até 90 (noventa) dias prorrogáveis uma única vez por igual período.

Seção III
Da Conciliação

Art. 18. A conciliação entre as partes somente será admitida nos casos em que não envolvam lesão corporal de natureza grave (art. 129, §§ 1º a 3º do Código Penal), assédio sexual ou óbito do paciente, e dependerá de proposta do conselheiro sindicante ou de outro membro da Câmara, com aprovação da câmara de sindicância.

§ 1º Após a aprovação do relatório conclusivo da sindicância, não será mais cabível a proposta de conciliação.

§ 2º É vedado qualquer acerto pecuniário no âmbito da conciliação.

§ 3º Proposta e aceita a conciliação pelas partes, após sua homologação pela câmara de sindicância, não caberá qualquer recurso.

§ 4º No caso de a conciliação não obter êxito, a sindicância prosseguirá em seus termos.

Seção IV
Do Termo de Ajustamento de Conduta (TAC)

Art. 19. O Termo de Ajustamento de Conduta (TAC) é o ato jurídico pelo qual a pessoa, física ou jurídica, em regra, reconhecendo implicitamente que sua conduta ofende ou pode ofender interesse ético individual ou coletivo, assume, perante órgão público legitimado, o compromisso de eliminar a ofensa ou o risco, através da adequação de seu comportamento às exigências legais e éticas, mediante formalização de termo.

§ 1º O TAC depende de proposta do conselheiro sindicante ou de outro membro da câmara, após a apresentação de seu relatório conclusivo, e será firmado após aprovação pela câmara de sindicância.

§ 2º O TAC será admitido nos casos em que não envolvam lesão corporal de natureza grave (art. 129, §§ 1º a 3º do Código Penal), assédio sexual ou óbito do paciente.

Art. 20. O TAC é sigiloso e será assinado por membro da câmara de sindicância que o aprovar ou o corregedor e o médico interessado, tendo como embasamento legal a Lei nº 7.347/1985 e inciso II do art. 17 deste CPEP.

§ 1º O CRM figurará no TAC como compromitente e o médico interessado como compromissário.

Art. 21. São cláusulas obrigatórias do TAC, dentre outras:

I – objeto: descreve o(s) fato(s) imputado(s) ao médico;

II – cláusula de comportamento: impõe ao médico portar-se de acordo com o determinado no TAC;

III – cláusula de suspensão da sindicância: fixa o prazo de suspensão da sindicância, com atenção aos prazos prescricionais estabelecidos no CPEP;

IV – cláusula de fiscalização: define como será feita a fiscalização do TAC e como deverá o médico compromissário demonstrar o cumprimento das metas e obrigações assumidas;

Art. 22. O TAC não pode ser firmado nos autos da sindicância que tenha no polo ativo a figura do denunciante.

§ 1º A fiscalização do cumprimento dos termos contidos no TAC caberá à corregedoria do CRM respectivo.

Art. 23. O descumprimento dos termos e condições contidas no TAC implicará a abertura de PEP.

Art. 24. O médico que aderir a um TAC ficará impedido de firmar novo TAC, sobre qualquer assunto, pelo período de 5 (cinco) anos.

Seção V
Da Interdição Cautelar do Exercício da Medicina

Art. 25. O pleno do CRM, por maioria simples de votos e respeitando o quórum mínimo, poderá interditar cautelarmente o exercício profissional de médico cuja ação ou omissão, decorrentes do exercício de sua profissão, esteja notoriamente prejudicando seu paciente ou à população, ou na iminência de fazê-lo.

§ 1º A interdição cautelar poderá ser aplicada quando da instauração do PEP, ou no curso da instrução, na sessão de julgamento ou na fase recursal;

§ 2º Os casos de interdição cautelar serão imediatamente informados ao CFM pelo CRM de origem.

Art. 26. A interdição cautelar ocorrerá desde que existam nos autos elementos de prova que evidenciem a probabilidade da autoria e da materialidade da prática do procedimento danoso pelo médico, a indicar a verossimilhança da acusação, e haja fundado receio de dano irreparável ou de difícil reparação ao paciente, à população e ao prestígio e bom conceito da profissão, caso ele continue a exercer a medicina.

§ 1º Na decisão que determinar a interdição cautelar, o CRM indicará, de modo claro e preciso, as razões de seu convencimento.

§ 2º A decisão de interdição cautelar terá efeito imediato e implicará o impedimento, total ou parcial, do exercício da medicina até o julgamento final do PEP, que deverá ser obrigatoriamente instaurado.

§ 3º A interdição cautelar poderá ser modificada ou revogada a qualquer tempo pela plenária do CRM ou, em grau de recurso, pela plenária do CFM, em decisão fundamentada.

Art. 27. O médico interditado cautelarmente do exercício total ou parcial da medicina será notificado da decisão, sendo contado o prazo recursal de 30 (trinta) dias a partir da juntada aos autos do recebimento da ordem de interdição, sem efeito suspensivo.

Art. 28. Recebido o recurso no CFM, o corregedor o remeterá à Coordenação Jurídica (COJUR) para exame de admissibilidade e emissão de Nota Técnica (NT) no prazo de 15 dias, caso seja arguida alguma preliminar processual.

Parágrafo único. Com ou sem NT, o recurso será imediatamente distribuído a um conselheiro-relator que terá 30 (trinta) dias para elaborar seu relatório e voto, devendo ser pautado para julgamento na sessão plenária subsequente.

Art. 29. A decisão de interdição cautelar terá abrangência nacional e será publicada no Diário Oficial e no sítio eletrônico dos Conselhos de Medicina, com a identificação das partes.

Art. 30. A decisão de interdição cautelar deverá ser comunicada aos estabelecimentos aonde o médico exerce suas atividades.

Art. 31. O PEP no bojo do qual tiver sido decretada a interdição cautelar do exercício da medicina do médico denunciado, deverá ser julgado no prazo de 6 (seis) meses, prorrogável por igual período uma única vez.

Parágrafo único. O prazo do caput deste artigo não será considerado quando o atraso da prática de qualquer ato processual for causado, sem motivo justo, pelo médico interditado.

CAPÍTULO II
DO PROCESSO EM ESPÉCIE

Seção I
Da Instrução do Processo Ético-Profissional

Art. 32. Aprovado o relatório da sindicância, na forma do art. 17, inciso IV, deste CPEP, o conselheiro instrutor conduzirá o processo dentro dos parâmetros de razoabilidade, atentando-se para os prazos prescricionais.

Parágrafo único. O conselheiro sindicante não poderá ser designado como instrutor de PEP por ele proposto.

Art. 33. O PEP não poderá ser extinto por desistência da parte denunciante. Nesta hipótese, ele seguirá de ofício.

§ 1º Comprovado o falecimento do médico denunciado, mediante a juntada da certidão de óbito nos autos, será extinta a punibilidade em relação a ele, mediante despacho do corregedor.

§ 2º Comprovado o falecimento do denunciante, mediante a juntada da certidão de óbito nos autos, o PEP seguirá de ofício, mediante despacho do corregedor.

§ 3º Havendo requerimento do cônjuge ou companheiro(a), pais, filhos ou irmãos do denunciante falecido, nessa ordem, ele poderá ser admitido como parte denunciante, assumindo o processo no estado em que se encontra.

§ 4º O procedimento administrativo, para apurar doença incapacitante, observará resolução específica. Quando também estiver sendo apurada infração ética, sua conclusão deverá ocorrer antes do julgamento do PEP.

Da Modificação ou Adição ao Relatório Conclusivo da Sindicância

Art. 34. Encerrada a instrução probatória ou no curso desta, surgindo novas evidências, fatos novos ou detectado algum erro material constante do relatório conclusivo da sindicância o conselheiro instrutor poderá modificá-lo ou aditá-lo para, de forma fundamentada, corrigi-lo, inserir outros fatos e artigos, bem como incluir outros denunciados.

Parágrafo único. A modificação ou aditamento deverá ser aprovado pela câmara de julgamento ou pleno do CRM, assegurando-se ao denunciado a ampla defesa e o contraditório.

Da Citação do Denunciado

Art. 35. Citação é o ato pelo qual o médico denunciado é convocado para integrar a relação processual, dando-lhe ciência da instauração de PEP e imputando-lhe a prática de infração ética, bem como lhe oferecendo a oportunidade para se defender.

Art. 36. O mandado de citação deverá conter obrigatoriamente:

I – o nome completo do denunciado;

II – o endereço residencial ou profissional do denunciado;

III – a finalidade da citação, bem como a menção do prazo e local para apresentação da defesa prévia, sob pena de revelia.

Parágrafo único. Cópia do relatório conclusivo da sindicância e do voto divergente, se houver, deverá acompanhar o mandado de citação.

Art. 37. A citação inicial, na forma do art. 35, poderá ser feita em qualquer lugar em que se encontre o denunciado e será realizada:

I – pelos Correios, com Aviso de Recebimento, ou outro meio de comprovação oficial de recebimento fornecido pelos Correios;

II – por servidor ou conselheiro do CRM devidamente habilitado ou pelos Correios, via Aviso de Recebimento por Mãos Próprias (ARMP);

III – por Carta Precatória, quando frustradas as hipóteses previstas nos incisos I e II deste artigo;

IV – por edital, quando frustradas as hipóteses anteriores.

§ 1º Nas clínicas, nos consultórios e nos hospitais será válida a entrega do mandado de citação à secretária ou outro funcionário da recepção ou da portaria responsável pelo recebimento de correspondência.

§ 2º Nos condomínios edilícios ou nos loteamentos com controle de acesso, será válida a entrega do mandado de citação a funcionário da portaria responsável pelo recebimento de correspondência.

Da Citação por Edital

Art. 38. São requisitos da citação por edital:

I – a certidão do servidor do CRM informando acerca da frustração das tentativas de citação pessoal do denunciado;

II – a publicação do edital, no Diário Oficial e no sítio eletrônico do respectivo CRM, que deve ser certificada nos autos;

III – a determinação, pelo corregedor ou conselheiro instrutor, do prazo para apresentação de defesa prévia, que será 30 (trinta) dias, fluindo da data da publicação;

IV – a advertência de que será nomeado defensor dativo em caso de revelia.

Defesa Prévia

Art. 39. Na defesa prévia, o denunciado poderá arguir preliminares processuais e alegar tudo o que interesse a sua defesa, oferecer documentos e justificações, especificar as provas pretendidas e arrolar até 5 (cinco) testemunhas, que deverão ser qualificadas com nome, profissão e endereço completo.

§ 1º O prazo para apresentação da defesa prévia será de 30 (trinta) dias, contados a partir da juntada aos autos do comprovante da efetivação da citação.

§ 2º Ao denunciado ou a seu defensor será garantido o direito de vista dos autos na Secretaria do CRM, bem como a extração de cópias, físicas ou digitais, mediante recolhimento da taxa correspondente.

§ 3º A defesa prévia deve vir aos autos acompanhada de procuração, quando subscrita por advogado, que conterá obrigatoriamente seu telefone fixo e/ou móvel, bem como os seus endereços eletrônico e não eletrônico para fins de futuras intimações.

Art. 40. O denunciante poderá, no prazo de 30 (trinta) dias, contados da juntada aos autos do aviso de recebimento da intimação da decisão de abertura do PEP, oferecer documentos e justificações, especificar as provas pretendidas e arrolar até 5 (cinco) testemunhas, que deverão ser qualificadas com nome, profissão e endereço completo.

Das Intimações

Art. 41. Nas intimações do denunciado, do denunciante, da testemunha e demais pessoas que devam tomar conhecimento de qualquer ato, será observado, no que for aplicável, o disposto no art. 37 e incisos e art. 38 e incisos deste CPEP.

§ 1º As notificações e intimações serão feitas às testemunhas, às partes ou aos seus advogados.

§ 2º A intimação do defensor dativo, do advogado do denunciado ou do denunciante, poderá ser feita para o endereço indicado na forma do art. 39, § 3º ou por qualquer outro meio idôneo.

Art. 42. Constitui dever das partes e interessados, declinar, no primeiro momento que lhes couber falar nos autos, o endereço residencial ou profissional, por onde receberão intimações.

Parágrafo único. Presumem-se válidas as intimações dirigidas ao endereço constante dos autos, ainda que não recebidas pessoalmente pelo destinatário.

Art. 43. A intimação poderá ser feita por servidor habilitado, ou conselheiro, quando frustrada a realização pelo correio.

§ 1º A certidão de intimação deve conter:

I – a indicação do lugar e a descrição da pessoa intimada, mencionando, quando possível, o número de seu documento de identidade e o órgão que o expediu;

II – a declaração de entrega do objeto da intimação;

III – a nota de ciente ou a certidão de que o interessado não a apôs no mandado.

§ 2º Caso necessário, a critério do instrutor, a intimação poderá ser efetuada por edital.

Revelia

Art. 44. Considera-se revel o médico denunciado que, regularmente citado, deixar de apresentar defesa prévia no prazo legal, nem constituir defensor.

Parágrafo único. Caso o denunciado ou seu defensor manifeste nos autos que não deseja fazer sua defesa prévia, não será considerado revel.

Art. 45. Ao médico denunciado declarado revel será nomeado um defensor dativo para apresentação de defesa prévia no prazo do art. 39, § 1° e a prática dos demais atos processuais que visem a sua defesa, incluindo eventual recurso.

§ 1° No CRM e no CFM, o defensor dativo será um advogado, que receberá sua devida remuneração pelo desempenho de sua função, cujo valor deverá ser fixado mediante edição de resolução própria ou realização de convênio com instituições públicas ou privadas.

§ 2° O defensor dativo que deixar de cumprir a função para a qual foi nomeado, deverá ser substituído, sem prejuízo de ser expedido ofício para seu órgão de classe para tomar as medidas cabíveis.

§ 3° O comparecimento espontâneo do denunciado aos autos, pessoalmente ou por procurador, em qualquer fase do processo, cessa a revelia e o concurso do defensor dativo, assumindo o processo no estado em que se encontra.

Art. 46. No exercício de sua função, o defensor dativo se manifestará de forma fundamentada e terá ampla liberdade para fazer requerimentos e produzir provas que entenda pertinente.

Art. 47. A atuação do defensor dativo se encerra com a apresentação de recurso para o CFM.

Seção II
Das Provas

Disposições Gerais

Art. 48. As partes têm o direito de empregar todos os meios legais para provar a verdade dos fatos e influir eficazmente na convicção dos conselheiros julgadores.

Art. 49. O conselheiro-relator formará sua convicção pela livre apreciação das provas produzidas nos autos do PEP, não podendo fundamentar sua decisão exclusivamente nos elementos informativos colhidos na sindicância.

Art. 50. A prova da alegação incumbirá a quem a fizer, sendo, porém, facultado ao conselheiro instrutor de ofício:

I – arrolar testemunhas;

II – ordenar a produção antecipada de provas consideradas urgentes e relevantes, observando a necessidade, adequação e proporcionalidade da medida;

III – determinar, no curso da instrução do PEP, a realização de diligências para dirimir dúvida sobre ponto relevante.

Art. 51. O conselheiro instrutor poderá, fundamentadamente, indeferir as provas consideradas irrelevantes, impertinentes ou protelatórias.

Das Provas Ilícitas

Art. 52. São inadmissíveis, devendo ser desentranhadas dos autos do PEP, as provas ilícitas, assim entendidas as obtidas em violação a normas constitucionais ou legais.

Do Parecer Técnico de Câmara Especializada

Art. 53. O parecer de câmara técnica especializada poderá ser requisitado em matéria de complexidade científica servindo como elemento de esclarecimento ao conselheiro instrutor sem caráter pericial ou decisório, dando ciência às partes para, se desejarem, apresentar manifestação, no prazo comum de 15 (quinze) dias.

Seção III
Da Audiência de Instrução

Art. 54. No dia e na hora designados, o conselheiro instrutor declarará aberta a audiência de instrução e mandará apregoar as partes e, se houver, os respectivos advogados, bem como outras pessoas que dela devam participar.

Art. 55. A audiência será iniciada após a identificação e qualificação de todas as partes, com a presença do conselheiro instrutor, dos colaboradores de apoio do CRM e dos patronos das partes, quando houver.

Art. 56. As partes, após intimação pelo conselheiro instrutor, são obrigadas a apresentar as testemunhas que arrolarem, independentemente da intimação destas, para serem ouvidas nas datas designadas.

Art. 57. Adiado, por qualquer motivo, o ato processual, o conselheiro instrutor marcará desde logo, na presença das partes e testemunhas, dia e hora para seu prosseguimento, do que se lavrará termo nos autos.

Art. 58. O conselheiro instrutor, ou seu substituto, designado pelo corregedor, preside a audiência e lhe incumbe:

I – manter a ordem e o decoro na audiência, dentro de suas prerrogativas;

II – ordenar que se retirem da sala de audiência os que se comportarem inconvenientemente;

III – registrar em ata, com exatidão, todos os requerimentos apresentados em audiência.

Art. 59. As provas orais serão produzidas em audiência, ouvindo-se, nesta ordem:

I – o denunciante;

II – as testemunhas arroladas pelo denunciante, pelo conselheiro instrutor e, por fim, as testemunhas arroladas pelo denunciado;

III – o denunciado.

§ 1º As provas poderão ser produzidas numa só audiência e, dependendo das circunstâncias, poderão ser designadas várias datas e horários.

§ 2º As testemunhas arroladas pelo conselheiro instrutor poderão ser ouvidas em qualquer fase processual, garantindo-se o contraditório.

Art. 60. Após a qualificação e antes de iniciado o depoimento, as partes poderão contraditar a testemunha ou arguir circunstâncias ou defeitos, que a tornem suspeita de parcialidade. O conselheiro instrutor fará consignar a contradita ou arguição e a resposta da testemunha.

Parágrafo único. A testemunha impedida ou suspeita, nos termos dos artigos 102 e 103 deste CPEP, somente poderá ser ouvida como informante.

Art. 61. As perguntas serão formuladas pelas partes diretamente à testemunha, não admitindo o conselheiro instrutor aquelas que puderem induzir a resposta, não tiverem relação com a causa ou importarem na repetição de outra já respondida.

§ 1º Sobre os pontos não esclarecidos, o conselheiro instrutor poderá complementar a inquirição.

§ 2º O conselheiro instrutor não permitirá que a testemunha manifeste suas apreciações pessoais, de cunho subjetivo, salvo quando inseparáveis da narrativa do fato.

Art. 62. Na redação do depoimento, o conselheiro instrutor deverá cingir-se, tanto quanto possível, às expressões usadas pela testemunha.

Art. 63. Serão consignadas no termo da audiência as perguntas que os depoentes deixarem de responder.

Art. 64. A parte poderá desistir da inquirição de qualquer das testemunhas arroladas, ressalvado o direito do conselheiro instrutor ouvi-las se entender pertinente.

Do Depoimento do Denunciante e do Denunciado

Art. 65. O denunciante será qualificado e perguntado sobre as circunstâncias em que ocorreram os fatos, quem seja ou presuma ser o responsável, as provas testemunhais e documentais que possa indicar, tomando-se por termo as suas declarações.

Parágrafo único. Se houver mais de um denunciante, cada um será ouvido separadamente, sendo facultada a presença dos seus defensores.

Art. 66. O denunciado será devidamente qualificado e, depois de cientificado do relatório conclusivo da sindicância, será informado pelo conselheiro instrutor, antes de iniciar o depoimento, de seu direito de permanecer calado e de não responder perguntas que lhe forem formuladas.

§ 1º O silêncio do denunciado, que não importará em confissão, não poderá ser interpretado em prejuízo de sua defesa.

§ 2º O denunciado será indagado se conhece o denunciante e as testemunhas arroladas e o que tem a alegar acerca dos fatos contidos no relatório conclusivo da sindicância.

§ 3º Se houver mais de um denunciado, cada um será ouvido separadamente, sendo facultada a presença de todos os defensores.

Art. 67. O denunciante ou denunciado que já tiver sido ouvido poderá permanecer na sala e acompanhar o depoimento dos demais, inclusive formular perguntas.

§ 1º O denunciante ou denunciado que morar fora da circunscrição do CRM será inquirido pelo CRM do lugar de sua residência, expedindo-se, para esse fim, carta precatória, com prazo razoável, intimadas as partes no CRM de origem.

§ 2º No caso do parágrafo anterior, a inquirição das partes poderá ser realizada por meio de videoconferência ou outro recurso tecnológico de transmissão de sons e imagens em tempo real, permitida a presença dos defensores.

Das Testemunhas

Art. 68. A testemunha fará a promessa de dizer a verdade do que souber e for perguntado, devendo declarar seu nome, idade, estado civil e residência; sua profissão, lugar onde exerce sua atividade; se é parente, e em que grau, de alguma das partes, ou quais suas relações com qualquer delas; e relatar o que souber, explicando sempre as razões de sua ciência ou as circunstâncias pelas quais seja possível avaliar sua credibilidade.

Parágrafo único. As testemunhas serão inquiridas separadamente, de modo que umas não saibam nem ouçam os depoimentos das outras, devendo o conselheiro instrutor adverti-las das penas cominadas ao falso testemunho previsto no art. 342 do Código Penal.

Art. 69. O depoimento será prestado oralmente, não sendo permitido à testemunha trazê-lo por escrito, não sendo vedada, entretanto, breve consulta a apontamentos.

Art. 70. O conselheiro instrutor, quando julgar necessário, poderá ouvir outras testemunhas, além das indicadas pelas partes.

Art. 71. O depoimento da testemunha será reduzido a termo, assinado por ela, pelo conselheiro instrutor e pelas partes, caso estejam presentes. Se a testemunha não souber assinar, ou não puder fazê-lo, pedirá a alguém que o faça por ela, depois de lido na presença de ambos ou aposição de sua digital.

Art. 72. Caso o denunciante ou o denunciado apresente comportamento inadequado, intimidando a testemunha ou desrespeitando e não acatando as determinações do conselheiro instrutor, este poderá determinar a sua retirada, prosseguindo na inquirição, com a presença de seu defensor, quando houver.

Parágrafo único. A adoção de qualquer das medidas previstas no caput deste artigo deverá constar do termo, assim como os motivos que a determinaram.

Art. 73. As pessoas impossibilitadas por enfermidade de comparecer para depor serão inquiridas onde estiverem se o conselheiro instrutor entender conveniente para a instrução.

Art. 74. O médico regularmente intimado pelo instrutor que não comparecer para depor nem apresentar motivo justo ficará sujeito às disposições previstas no Código de Ética Médica.

Art. 75. A testemunha que morar fora da circunscrição do CRM será inquirida pelo CRM do lugar de sua residência, expedindo-se, para esse fim, carta precatória, com prazo razoável, intimadas as partes no CRM de origem.

Parágrafo único. Na hipótese prevista no caput deste artigo, a oitiva de testemunha poderá ser realizada por meio de videoconferência ou outro recurso tecnológico de transmissão de sons e imagens em tempo real, permitida a presença das partes e dos defensores.

Da Acareação

Art. 76. A acareação será admitida entre denunciantes, denunciante e testemunha, denunciados, denunciados e testemunha, testemunhas e testemunhas, sempre que divergirem, em suas declarações, sobre fatos ou circunstâncias relevantes, de acordo com decisão do conselheiro instrutor, aos esclarecimentos sobre o mérito do processo.

Parágrafo único. Os acareados serão reperguntados, para que expliquem os pontos de divergências, reduzindo-se a termo o ato de acareação.

Da Prova Emprestada

Art. 77. É lícita a utilização de prova emprestada para instrução do PEP, desde que submetida ao contraditório.

Parágrafo único. A prova emprestada ingressará nos autos como prova documental e deverá ser analisada como tal.

Das Degravações

Art. 78. As gravações apresentadas pelas partes, para serem admitidas nos autos, deverão estar acompanhadas de sua respectiva transcrição e submetidas ao contraditório.

Parágrafo único. As gravações juntadas aos autos de ofício deverão ser degravadas pelo CRM.

Do Encerramento da Instrução

Art. 79. Concluída a instrução, será aberto o prazo sucessivo de 15 (quinze) dias para apresentação das alegações finais; primeiramente ao denunciante e, em seguida, ao denunciado.

§ 1º Havendo mais de um denunciante ou mais de um denunciado, o prazo será comum aos denunciantes ou aos denunciados.

§ 2º Estando as partes ou seus procuradores presentes à última audiência, elas poderão ser intimadas para apresentação das alegações finais escritas, podendo fazê-la, a critério do conselheiro instrutor, de forma oral e reduzida a termo na própria audiência, ou declinar de sua apresentação.

Art. 80. Após a apresentação das alegações finais, os autos deverão ser remetidos à Assessoria Jurídica para análise e parecer quanto a eventuais preliminares e regularidade processual. Em seguida, o conselheiro instrutor apresentará termo de encerramento dos trabalhos que será encaminhado ao corregedor.

Art. 81. Até a data da sessão de julgamento, o conselheiro corregedor, verificando a existência de qualquer vício ou irregularidade processual, poderá intervir nos autos e, por meio de despacho fundamentado, devolver o processo ao conselheiro instrutor com determinação específica para a realização ou a retificação de atos processuais a serem executados, com a devida intimação das partes.

Seção IV
Do Julgamento do PEP no CRM

Art. 82. O conselheiro corregedor, após o recebimento do processo, devidamente instruído, designará os conselheiros relator e revisor, os quais ficarão responsáveis pela elaboração dos respectivos relatórios.

§ 1º O relatório deverá conter o nome da parte, a identificação do caso, com a síntese do conteúdo do relatório conclusivo da sindicância e também a síntese da defesa prévia e/ou alegações finais, bem como o registro das principais ocorrências havidas no andamento do processo.

§ 2º O conselheiro sindicante não poderá ser designado como relator ou revisor do PEP, mas poderá participar do julgamento e emitir voto.

§ 3º O conselheiro instrutor poderá ser designado relator ou revisor e participar do julgamento com emissão de voto.

§ 4º O relator ou revisor poderá, mediante despacho fundamentado, requisitar ao conselheiro corregedor que remeta os autos ao conselheiro instrutor para novas diligências, indicando quais as providências cabíveis e estabelecendo prazo de 30 (trinta) dias para seu cumprimento.

§ 5º Na hipótese do § 4º deste artigo, o prazo estabelecido poderá ser prorrogado uma única vez, mediante justificativa escrita.

Art. 83. Designados relator e revisor, o conselheiro corregedor determinará a inclusão do processo na pauta de julgamento.

Art. 84. As partes serão intimadas da data de julgamento com a antecedência mínima de 10 (dez) dias.

Art. 85. A sessão de julgamento terá início com a leitura da parte expositiva do relatório elaborado pelo relator, seguindo-se, em ato contínuo, pela leitura do relatório do revisor, podendo este se limitar a concordar com o relatório do conselheiro-relator; sem manifestação, em um ou outro, quanto à conclusão de mérito.

§ 1º Ao início da sessão de julgamento, o conselheiro-relator, com manifestação prévia da Assessoria Jurídica, escrita ou oral, deverá propor a apreciação de ofício ou a requerimento, das nulidades absolutas – prejudiciais ao mérito –, que deverão ser discutidas e votadas antes da análise do mérito. Nesta hipótese, será concedido às partes 10 (dez) minutos para defender o acolhimento ou a rejeição das preliminares.

§ 2º Superada a fase das preliminares e após a leitura dos relatórios, será concedido às partes o prazo de 10 (dez) minutos para sustentação oral em relação ao mérito, sucessivamente ao denunciante e denunciado.

§ 3º Havendo mais de um denunciante ou denunciado, o prazo do § 2º deste artigo será contado individualmente.

§ 4º Encerrada a sustentação oral a que se refere o § 2º deste artigo, os conselheiros poderão solicitar esclarecimentos sobre o processo ao relator ou ao revisor e, por intermédio do presidente da sessão, às partes, seguidos dos debates sobre o mérito.

§ 5º Encerrada a fase de debates quanto ao mérito, será concedido o prazo de 5 (cinco) minutos às partes para suas considerações finais orais, sucessivamente ao denunciante e ao denunciado. Se for o caso, aplicar-se-á o disposto no § 3º deste artigo.

§ 6º A sustentação oral pelas próprias partes ou seus respectivos defensores na sessão de julgamento não é ato processual obrigatório.

Do Pedido de Vista

Art. 86. Após a leitura da parte expositiva dos relatórios elaborados pelo relator e revisor, no momento que antecede a leitura dos seus votos, qualquer conselheiro poderá solicitar a suspensão do julgamento para:

I – requerer vista dos autos do processo, apresentando-o com relatório de vista em até 30 (trinta) dias, para continuidade do julgamento;

II – requerer a baixa dos autos do processo em diligência, com aprovação da maioria dos conselheiros presentes à sessão de julgamento, caso em que especificará as providências que devam ser tomadas pelo conselheiro instrutor no prazo de 30 (trinta) dias, que poderá ser prorrogado uma única vez, mediante justificativa escrita.

§ 1º Cumpridas as diligências solicitadas, as partes serão intimadas para manifestação no prazo de 10 (dez) dias.

§ 2º Decorrido o prazo do § 1º deste artigo, com ou sem a manifestação, as partes serão intimadas da data da sessão para a continuidade do julgamento.

§ 3º Quando da nova sessão de julgamento, não será necessária a participação do mesmo número e dos mesmos conselheiros presentes à sessão anteriormente suspensa.

§ 4º Reiniciada a sessão de julgamento será necessária nova leitura do relatório dos conselheiros relator e revisor e, quando for o caso, do relatório de vista.

Art. 87. Inexistindo pedido de vista dos autos ou a necessidade de realização de diligências, o presidente da sessão tomará o voto do conselheiro-relator e, após, do conselheiro revisor de forma escrita e integral, que deverá ser lido nesta ordem:

I – quanto às preliminares relativas;

II – quanto à culpabilidade;

III – quanto à capitulação;

IV – quanto à pena a ser aplicada, se for o caso.

§ 1º Em seguida, o presidente da sessão indagará aos conselheiros se há voto divergente.

§ 2º Caso haja divergência em relação às preliminares, o voto deverá ser proferido de forma escrita. Em seguida, o presidente da sessão tomará o voto individual dos conselheiros presentes à sessão, devendo consignar em ata o resultado.

§ 3º Caso haja divergência em relação ao mérito, o voto divergente deverá ser proferido de forma escrita e integral, que deverá ser lido obedecendo à ordem do art. 87 e incisos. Em seguida, o presidente tomará o voto individual dos conselheiros presentes à sessão, devendo consignar em ata o resultado.

§ 4º Quando houver divergência entre três ou mais votos, dar-se-á a votação obedecendo-se a seguinte ordem:

I − culpabilidade: condenação com a capitulação dos artigos ou absolvição;

II − cassação do exercício profissional (art. 22, "e" da Lei nº 3.268/57);

III − penas públicas (art. 22, "c" ou "d" da Lei nº 3.268/57) ou reservadas (art. 22, "a" ou "b" da Lei nº 3.268/57).

§ 5º Em todas as hipóteses previstas no caput deste artigo, o voto deverá ser proferido e considerado de forma integral.

§ 6º O presidente da sessão votará sequencialmente e, havendo empate, proferirá o voto de desempate.

Art. 88. O conselheiro presente ao julgamento, respeitando o quórum previsto em lei, não poderá abster-se de votar.

Art. 89. A votação deverá ser colhida nominalmente de cada conselheiro, em todos os julgamentos, consignando-se em ata o resultado.

Art. 90. Proferidos os votos, o presidente anunciará o resultado do julgamento, designando para redigir o acórdão o conselheiro autor do voto vencedor.

Art. 91. As partes ou seus procuradores, bem como o defensor dativo, se houver, serão intimados da decisão nos termos do art. 43, § 1º deste Código.

Parágrafo único. No caso de decisão absolutória, no processo instaurado de ofício, e o denunciado ou seu patrono esteja presente ao julgamento, o presidente poderá declarar, ao final, o trânsito em julgado da decisão.

Art. 92. O julgamento ocorrerá a portas fechadas, sendo permitida apenas a presença das partes e seus defensores, membros do CRM, o integrante da assessoria jurídica do CRM e funcionários responsáveis pelo procedimento disciplinar necessário para o bom funcionamento do Tribunal de Ética Médica até o encerramento da sessão.

Art. 93. As penas disciplinares aplicáveis pelo CRM são as previstas no artigo 22 da Lei nº 3.268/1957.

Seção V
Dos Recursos em Geral

Art. 94. Caberá recurso administrativo, no prazo de 30 (trinta) dias, contados a partir da juntada do comprovante de intimação da decisão nos autos:

I – à câmara de sindicância do CFM contra o arquivamento de sindicância no âmbito do CRM;

II – ao pleno do CRM, de ofício e/ou voluntário, da decisão proferida por sua câmara que aplicar a pena de letra "e" do art. 22, da Lei nº 3.268/1957;

III – à câmara do CFM contra a decisão proferida no PEP pelo CRM que absolver ou que aplicar as penas de letras "a", "b", "c" ou "d", do art. 22, da Lei nº 3.268/1957;

IV – da decisão tomada pela maioria da câmara do CFM, caberá recurso ao pleno do CFM.

V – ao pleno do CFM, de ofício e/ou voluntário, da decisão proferida no PEP pelo pleno CRM; ou por câmara do CFM, que aplicar a pena de letra "e" do art. 22, da Lei nº 3.268/1957;

§ 1º Na hipótese do inciso I deste artigo, quando houver recurso do denunciante em relação a um ou alguns dos denunciados, a corregedoria o instruirá com cópia integral dos autos e o remeterá ao CFM, ficando os autos principais tramitando no CRM em relação aos demais denunciados.

§ 2º Os recursos terão efeito devolutivo e suspensivo.

§ 3º Somente poderá ocorrer o agravamento da pena imposta se houver recurso do denunciante nesse sentido.

§ 4º O pleno do CRM ou do CFM poderá, além dos aspectos pertinentes às razões recursais, analisar toda a matéria discutida no processo.

§ 5º Além dos recursos previstos no caput e incisos deste artigo, não caberá qualquer outro de natureza administrativa, salvo o previsto no art. 27 deste CPEP.

Art. 95. Após o protocolo do recurso a outra parte será intimada para, querendo, apresentar as contrarrazões, no prazo de 30 (trinta) dias, contados a partir da juntada do respectivo comprovante de intimação nos autos.

Parágrafo único. Com ou sem as contrarrazões o processo deverá ser remetido ao CFM no prazo de até 90 (noventa) dias.

Art. 96. O corregedor do CRM, por decisão fundamentada, negará seguimento a recurso intempestivo ou quando verificada a ocorrência de prescrição da pretensão punitiva.

Da Reclamação para o CFM

Art. 97. Da decisão que negar seguimento a recurso intempestivo ou reconhecer a prescrição caberá reclamação para uma das câmaras do CFM, no prazo de

30 (trinta) dias, contados a partir da juntada do comprovante de intimação nos autos.

§ 1º O CRM não poderá negar seguimento a reclamação proposta nos termos deste artigo.

§ 2º No CFM o julgamento da Reclamação seguirá, no que couber, as normas previstas na Seção VI, do capítulo II, deste CPEP.

Seção VI
Do Julgamento do PEP no CFM

Art. 98. O conselheiro corregedor, após o recebimento do processo com recurso o remeterá ao Setor Jurídico para exame de admissibilidade e emissão de Nota Técnica (NT), caso seja arguida alguma preliminar processual.

§ 1º Com a Nota Técnica ou sem ela, o processo retornará à corregedoria que nomeará relator e revisor para emissão de relatório e voto, bem como inclusão do processo na pauta de julgamento.

Art. 99. O julgamento no âmbito do CFM seguirá, no que couber, as normas previstas na Seção IV, do capítulo II, deste CPEP.

Seção VII
Da Execução das Penas

Art. 100. A decisão será executada no prazo de 90 (noventa) dias, a partir certificação do trânsito em julgado, sem prejuízo do disposto no art. 116 deste CPEP.

Art. 101. A execução da penalidade imposta pelo CRM ou pelo CFM será processada nos estritos termos do acórdão da respectiva decisão, e a penalidade anotada no prontuário do médico.

§ 1º As penas previstas nas letras "a" e "b", do art. 22, da Lei nº 3.268/1957, além da anotação no prontuário do médico infrator, serão comunicadas formalmente ao apenado.

§ 2º As penas previstas nas letras "c", "d" ou "e", do art. 22, da Lei nº 3.268/1957 serão publicadas no Diário Oficial do Estado, do Distrito Federal ou da União, em jornal de grande circulação, jornais ou boletins e sítio eletrônico do CRM.

§ 3º No caso das penas previstas nas letras "d" e "e", do art. 22, da Lei nº 3.268/1957, e no caso de interdição cautelar total, além da publicação dos editais e das comunicações endereçadas às autoridades interessadas, será apreendida a carteira profissional e a cédula de identidade de médico.

Seção VIII
Dos Impedimentos e da Suspeição
Dos Impedimentos

Art. 102. Há impedimento do conselheiro, sendo-lhe vedado exercer suas funções na sindicância ou no PEP:

I – em que interveio como mandatário das partes, atuou como perito ou prestou depoimento como testemunha;

II – quando nele estiver postulando, como defensor público, advogado ou membro do Ministério Público, seu cônjuge ou companheiro, ou qualquer parente, consanguíneo ou afim, em linha reta ou colateral, até o terceiro grau, inclusive;

III – quando for parte no processo ele próprio, seu cônjuge ou companheiro, ou parente, consanguíneo ou afim, em linha reta ou colateral, até o terceiro grau, inclusive;

IV – quando for membro de direção ou de administração da pessoa jurídica que tiver interesse direto no PEP;

V – em que figure na sindicância ou no PEP, colega ou cliente do escritório de advocacia de seu cônjuge, companheiro ou parente, consanguíneo ou afim, em linha reta ou colateral, até o terceiro grau, inclusive;

VI – esteja litigando, judicial ou administrativamente, contra uma das partes ou respectivo cônjuge ou companheiro; ou parente, consanguíneo ou afim, em linha reta ou colateral, até o terceiro grau, inclusive;

§ 1º Na hipótese do inciso II, o impedimento só se verifica quando o defensor público, o advogado ou o membro do Ministério Público já integrava o processo antes do início das funções do conselheiro sindicante ou instrutor.

§ 2º É vedada a criação de fato superveniente a fim de caracterizar impedimento do conselheiro sindicante, instrutor, relator ou revisor.

§ 3º O impedimento previsto no inciso II também se verifica no caso de mandato conferido a membro de escritório de advocacia que tenha em seus quadros advogado que individualmente ostente a condição nele prevista, mesmo que não intervenha diretamente no processo.

§ 4º O conselheiro que incorrer em impedimento deve comunicar o fato ao corregedor ou ao

Presidente do Conselho, em qualquer fase do processo, ou ao presidente da sessão de julgamento, abstendo-se de atuar.

Da Suspeição

Art. 103. Há suspeição do conselheiro, na sindicância e no PEP:

I – quando for amigo íntimo ou inimigo de qualquer das partes ou de seus advogados;

II – quando qualquer das partes for sua credora ou devedora, de seu cônjuge ou companheiro ou de parentes destes, em linha reta até o terceiro grau, inclusive;

III – quando interessado no julgamento do PEP em favor de qualquer das partes.

§ 1º O conselheiro que por motivo de foro íntimo declarar-se suspeito deverá registrar esta condição nos autos, abstendo-se de atuar.

§ 2º Será ilegítima a alegação de suspeição quando:

I – houver sido provocada por quem a alega;

II – a parte que a alega houver praticado ato que signifique manifesta aceitação do arguido.

Do Incidente de Impedimento ou de Suspeição

Art. 104. O impedimento poderá ser alegado a qualquer tempo antes do trânsito em julgado da decisão, em petição específica, na qual indicará, com clareza, o fundamento da recusa; podendo instruí-la com documentos em que se fundar a alegação e com rol de testemunhas, se for o caso.

Art. 105. A suspeição poderá ser alegada, no prazo de 15 (quinze) dias, a contar do conhecimento do fato em petição específica, na qual indicará, com clareza, o fundamento da recusa; podendo instruí-la com documentos em que se fundar a alegação e com rol de testemunhas, se for o caso.

§ 1º Se reconhecer o impedimento ou a suspeição ao receber a petição, o conselheiro sindicante, instrutor, relator ou revisor comunicará imediatamente ao Corregedor, que nomeará substituto; caso contrário, apresentará por escrito, no prazo de 15 (quinze) dias, suas razões, acompanhadas de documentos e de rol de testemunhas, se houver.

§ 2º Na hipótese do não reconhecimento do impedimento ou da suspeição, a sindicância ou o PEP tramitarão regularmente, devendo esta matéria ser posta em destaque para apreciação da câmara específica ou do plenário, que têm competência para deliberar sobre o mérito da questão.

§ 3º Se a suspeição e/ou impedimento forem arguidos no recurso ou de forma oral na sessão de julgamento, serão apreciados como matéria preliminar antes da análise do mérito.

Seção IX
Das Nulidades Processuais

Art. 106. Nenhum ato será declarado nulo se da nulidade não resultar prejuízo para as partes.

Art. 107. Nenhuma das partes poderá arguir nulidade a que haja dado causa, ou para que tenha concorrido, ou referente à formalidade cuja observância só à parte contrária interesse.

Art. 108. Não será declarada a nulidade de ato processual que não tenha influído na apuração da verdade substancial ou na decisão da causa.

Art. 109. As nulidades serão consideradas sanadas:

I – se não forem arguidas em tempo oportuno;

II – se, praticado por outra forma, o ato atingir suas finalidades;

III – se a parte, ainda que tacitamente, aceitar seus efeitos.

Art. 110. Os atos cuja nulidade não tenha sido sanada na forma do artigo anterior serão renovados ou retificados.

Parágrafo único. Declarada a nulidade de um ato, serão considerados nulos todos os atos dele derivados.

Art. 111. A nulidade dos atos deve ser alegada na primeira oportunidade em que couber à parte se manifestar nos autos, sob pena de preclusão.

Parágrafo único. A nulidade absoluta pode ser alegada a qualquer tempo ou fase do processo.

CAPÍTULO III
DA PRESCRIÇÃO

Seção I
Das Regras de Prescrição da Pretensão Punitiva

Art. 112. A punibilidade por falta ética sujeita a PEP prescreve em 5 (cinco) anos, contados a partir da data do efetivo conhecimento do fato pelo CRM.

Art. 113. Após o conhecimento efetivo do fato pelo CRM o prazo prescricional será interrompido:

I – pelo conhecimento expresso ou pela citação do denunciado, inclusive por meio de edital;

II – pelo protocolo da defesa prévia;

III – por decisão condenatória recorrível;

Art. 114. A sindicância ou PEP paralisado há mais de 3 (três) anos, pendente de despacho ou julgamento, será arquivado de ofício ou por requerimento da parte interessada, sem prejuízo de ser apurada a responsabilidade decorrente da paralisação.

Art. 115. Deferida medida judicial de suspensão da apuração ética, em qualquer fase, o prazo prescricional fica suspenso enquanto perdurar seus efeitos, quando então voltará a fluir.

Seção II
Prescrição da Pretensão Executória

Art. 116. A execução da pena aplicada prescreverá em 5 (cinco) anos, tendo como termo inicial a data da intimação do denunciado da decisão condenatória.

CAPÍTULO IV
DA REVISÃO DO PROCESSO

Seção I
Das Regras Gerais

Art. 117. Caberá a revisão da decisão condenatória, pelo CFM, a qualquer tempo, a partir de sua publicação.

§ 1º A revisão da decisão transitada em julgado será admitida quando forem apresentadas novas provas que possam inocentar o médico condenado, ou ficar demonstrada que a condenação foi baseada em prova falsa.

§ 2º O pedido de revisão deve ser instruído com todos os elementos de prova necessários ao deslinde do feito.

Art. 118. O pedido de revisão da decisão, transitada em julgado, será dirigido ao presidente do CFM, sob protocolo, que o encaminhará à Corregedoria.

Art. 119. O conselheiro corregedor remeterá o pedido de revisão, após seu recebimento, ao Setor Jurídico, para exame de admissibilidade e emissão de Nota Técnica (NT).

§ 1º Com a NT ou sem ela, o processo retornará à Corregedoria, que emitirá juízo de admissibilidade acerca dos pressupostos estabelecidos no § 1º do art. 117 deste CPEP.

§ 2º Estando configurada a admissibilidade, será nomeado um relator para elaborar relatório a ser apresentado à câmara do CFM nos casos previstos nas letras "a", "b", "c" ou "d", do art. 22, da Lei nº 3.268/1957 e ao pleno do CFM nos casos previstos na letra "e" do art. 22, da Lei nº 3.268/1957.

Art. 120. O pedido de revisão não terá efeito suspensivo.

Art. 121. São partes legítimas para requerer a revisão:

I – o profissional punido, pessoalmente ou por intermédio de procurador habilitado;

II – o cônjuge ou companheiro, descendente, ascendente e irmão, no caso de falecimento do condenado, obedecendo-se esta ordem;

III – o curador, se interdito.

Parágrafo único. Quando, no curso da revisão, falecer o profissional requerente, ele poderá ser substituído por qualquer das pessoas referidas no inciso II deste artigo; caso contrário, o pedido de revisão será arquivado.

Art. 122. Julgando procedente a revisão, o CFM poderá anular a decisão condenatória, alterar sua capitulação, reduzir a pena ou absolver o profissional punido.

Parágrafo único. Do pedido de revisão não poderá resultar agravamento de penalidade.

Art. 123. No julgamento da revisão serão aplicadas, no que couber, as normas prescritas na seção VI, do Capítulo II deste CPEP.

Seção II
Da Reabilitação Profissional

Art. 124. Decorridos 8 (oito) anos após o cumprimento da pena e sem que tenha sofrido qualquer outra penalidade ético-profissional, poderá o médico requerer sua reabilitação ao CRM onde está inscrito, com a retirada dos apontamentos referentes a condenações anteriores.

Parágrafo único. Exclui-se da concessão do benefício do caput deste artigo o médico punido com a pena de cassação do exercício profissional, prevista na letra "e", do art. 22 da Lei nº 3.268/1957.

CAPÍTULO V
DAS DISPOSIÇÕES PROCESSUAIS FINAIS

Seção I

Art. 125. Ao conselheiro corregedor, sindicante ou instrutor caberá prover os atos que entender necessários para a conclusão e elucidação do fato, podendo requerer ou requisitar a órgãos da administração pública direta, indireta e fundacional, da União, dos estados, dos Municípios, do Distrito Federal e de instituições privadas, quaisquer documentos, peças ou informações.

Seção II
Da Fluência dos Prazos

Art. 126. Os prazos deste CPEP são contínuos e ininterruptos e serão contados a partir da data da juntada aos autos, da comprovação do recebimento da citação, intimação ou notificação.

Parágrafo único. Havendo mais de um denunciante ou mais de um denunciado, o prazo será contado individualmente para cada um, a partir da certidão de juntada aos autos da respectiva citação, intimação ou notificação.

Seção III
Da Entrada em Vigor deste Código

Art. 127. À sindicância e ao PEP em trâmite será aplicado, de imediato, este novo Código de Processo Ético-Profissional (CPEP), sem prejuízo da validade dos atos processuais já realizados sob a vigência do código anterior. A norma processual não retroagirá.

Art. 128. Este Código de Processo Ético-Profissional (CPEP) entrará em vigor após decorridos 90 (noventa) dias, a partir da data de sua publicação no Diário Oficial da União e no sítio eletrônico do CFM, revogando as Resoluções CFM nº 1.967/2011, nº 1.987/2012, nº 2.066/2013, nº 2.023/2013 e as demais disposições contrárias.

APENSOS

LEGISLAÇÃO E RESOLUÇÕES DO CONSELHO FEDERAL DE MEDICINA

(Nas partes que interessam aos processos disciplinares)

Lei n. 3.268,
de 30 de Setembro de 1957*

Dispõe sobre os Conselhos de Medicina, e dá outras providências

Art. 18.

(...)

§ 4º No prontuário do médico serão feitas quaisquer anotações referentes ao mesmo, inclusive os elogios e penalidades.

Art. 20. Todo aquele que mediante anúncios, placas, cartões ou outros meios quaisquer, se propuser ao exercício da medicina, em qualquer dos ramos ou especialidades, fica sujeito às penalidades aplicáveis ao exercício ilegal da profissão, se não estiver devidamente registrado.

Art. 21. O poder de disciplinar e aplicar penalidades aos médicos compete exclusivamente ao Conselho Regional, em que estavam inscritos ao tempo do fato punível ou em que ocorreu, nos termos do art. 18, § 1º.

---

* Regulamentada pelo Decreto n. 44.045, de 19.7.1958.

Parágrafo único - A jurisdição disciplinar estabelecida neste artigo não derroga a jurisdição comum quando o fato constitua crime punido em lei.

Art. 22. As penas disciplinares aplicáveis pelos Conselhos Regionais aos seus membros são as seguintes:

a) advertência confidencial em aviso reservado;

b) censura confidencial em aviso reservado;

c) censura pública em publicação oficial;

d) suspensão do exercício profissional até 30 (trinta) dias;

e) cassação do exercício profissional, ad referendum do Conselho Federal.

§ 1º Salvo os casos de gravidade manifesta que exijam aplicação imediata da penalidade mais grave, a imposição das penas obedecerá à gradação deste artigo.

§ 2º Em matéria disciplinar, o Conselho Regional deliberará de ofício ou em consequência de representação de autoridade, de qualquer membro ou de pessoa estranha ao Conselho, interessada no caso.

§ 3º À deliberação do Conselho precederá, sempre, audiência do acusado, sendo-lhe dado defensor, no caso de não ser encontrado, ou for revel.

§ 4º Da imposição de qualquer penalidade caberá recurso, no prazo de 30 (trinta) dias, contados da ciência, para o Conselho Federal, sem efeito suspensivo salvo os casos das alíneas c, d, e e, em que o efeito será suspensivo.

§ 5º Além do recurso previsto no parágrafo anterior, não caberá qualquer outro de natureza administrativa, salvo aos interessados a via judiciária para as ações que forem devidas.

§ 6º As denúncias contra membros dos Conselhos Regionais só serão recebidas quando devidamente assinadas e acompanhadas da indicação de elementos comprobatórios do alegado.

Decreto n. 44.045,
de 19 de julho de 1958

Aprova o Regulamento do Conselho Federal e Conselhos regionais de Medicina que se refere a Lei nº 3.268, de 30 de setembro de 1957

CAPÍTULO III
DAS PENALIDADES
NOS PROCESSOS ÉTICO-PROFISSIONAIS

Art. 10. Os processos relativos às infrações dos princípios da ética profissional deverão revestir a forma de "autos judiciais", sendo exarados em ordem cronológica os seus pareceres e despachos.

Art. 11. As queixas ou denúncias apresentadas aos Conselhos regionais de Medicina, decalcadas em infração ético-profissional só serão recebidas quando devidamente assinadas e documentadas.

Art. 12. Recebida a queixa ou denúncia o Presidente a encaminhará a uma Comissão de Instrução, que, ordenará as providências específicas para o caso e depois de serem elas executadas, determinará, então, a intimação do médico ou da pessoal jurídica denunciados para, no prazo de trinta dias a contar da data do recebimento dessa intimação oferecer a defesa que tiver, acompanhando-a das alegações e dos documentos que julgar convenientes.

§ 1º A instrução a que se refere este artigo poderá ser feita mediante depoimento pessoal do queixoso ou denunciante, arrolamento de testemunhas, perícias e demais provas consideradas hábeis.

§ 2º A ambas as partes é facultada a representação por advogados militantes.

Art. 13. As intimações poderão processar-se pessoalmente e ser certificadas nos autos, ou por carta registrada cuja cópia será a estes anexada, juntamente com o comprovante do registro. Se a parte intimada não for encontrada, ou se o documento de intimação for devolvido pelo Correio será ela publicada por edital em Diário Oficial do Estado dos Territórios ou do Distrito Federal e em jornal de grande circulação na região.

Art. 14. Somente na Secretária do Conselho de Medicina poderão as partes ou seus procuradores ter "vista" do processo, podendo, nesta oportunidade, tomar as notas que julgarem necessárias à defesa.

Parágrafo único. É expressamente vedada a retirada de processos pelas partes ou seus procuradores, sob qualquer pretexto, da Secretaria do Conselho Regional sendo igualmente vedado lançar notas nos autos ou sublinhá-los de qualquer forma.

Art. 15. Esgotado o prazo de contestação, juntada ou não a defesa, a Secretaria do Conselho Regional remeterá o processo ao Relator designado pelo Presidente para emitir parecer.

Art. 16. Os processos atinentes à ética profissional terão, além do relator, um revisor, também designado pelo Presidente e os pareceres de ambos, sem transitarem em momento algum, pela Secretaria, só serão dados a conhecer na sessão Plenária de julgamento.

Parágrafo único. Quando estiver redigido, o parecer do relator deverá ser entregue em sessão plenária e pessoalmente, ao Presidente e este, também pessoalmente, passará o processo às mãos do revisor, respeitados os prazos regimentais.

Art. 17. As penas disciplinares aplicáveis aos infratores da ética profissional são as seguintes:

a) advertência confidencial, em aviso reservado;

b) censura confidencial, em aviso reservado;

c) censura pública, em publicação oficial;

d) suspensão do exercício profissional, até 30 (trinta) dias; e

e) cassação do exercício profissional.

Art. 18. Da imposição de qualquer das penalidades previstas nas letras a, b, c, d e e do art. 22 da Lei n. 3.268, de 30 de setembro de 1957, caberá sempre recurso de apelação para O Conselho Federal de Medicina respeitados os prazos e efeitos preestabelecidos nos seus parágrafos.

Art. 19. O recurso de apelação poderá ser interposto:

a) por qualquer das partes;

b) *ex officio*.

Parágrafo único. O recurso de apelação será feito mediante petição e entregue na Secretária do Conselho

Regional dentro do prazo de trinta (30) dias, a contar da data da cientificação ao interessado da decisão do julgamento, na forma do art. 13 deste regulamento.

Art. 20. Depois da competente "vista" ao recorrido, que será de dez (10) dias, a contar da ciência do despacho do Presidente designará este novo Relator para redigir a informação a ser prestada ao Conselho Federal de Medicina.

Art. 21. O recurso "ex officio" será obrigatório nas decisões de que resultar cassação da autorização para o exercício profissional.

Art. 22. Julgado o recurso em qualquer dos casos e publicado o acórdão na forma estatuída pelo Regimento Interno do Conselho Federal de Medicina serão os autos devolvidos à instância de origem do processo, para a execução do decidido.

Art. 23. As execuções das penalidades impostas pelos Conselhos Regionais e pelo Conselho Federal de Medicina processar-se-ão na forma estabelecida pelas respectivas decisões, sendo anotadas tais penalidades na carteira profissional do médico infrator, como estatuído no § 4º do art. 18º da Lei n. 3.268, de 30.9.57.

Parágrafo único. No caso de cassação do exercício profissional, além, dos editais e das comunicações endereçadas às autoridades interessadas no assunto, será apreendida a carteira profissional do médico infrator.

Lei n. 12.842, de 10 de Julho de 2013*

Dispõe sobre o exercício da Medicina

Art. 1º. O exercício da Medicina é regido pelas disposições desta Lei.

Art. 2º. O objeto da atuação do médico é a saúde do ser humano e das coletividades humanas, em benefício da qual deverá agir com o máximo de zelo, com o melhor de sua capacidade profissional e sem discriminação de qualquer natureza.

Parágrafo único. O médico desenvolverá suas ações profissionais no campo da atenção à saúde para:

I. a promoção, a proteção e a recuperação da saúde;

II. a prevenção, o diagnóstico e o tratamento das doenças;

III. a reabilitação dos enfermos e portadores de deficiências.

Art. 3º. O médico integrante da equipe de saúde que assiste o indivíduo ou a coletividade atuará em mútua colaboração com os demais profissionais de saúde que a compõem.

---

* Regulamentada pelo Decreto n. 44.045, de 19.7.1958.

Art. 4º. São atividades privativas do médico:

I. (VETADO);

II. indicação e execução da intervenção cirúrgica e prescrição dos cuidados médicos pré e pós-operatórios;

III. indicação da execução e execução de procedimentos invasivos, sejam diagnósticos, terapêuticos ou estéticos, incluindo os acessos vasculares profundos, as biópsias e as endoscopias;

IV. intubação traqueal;

V. coordenação da estratégia ventilatória inicial para a ventilação mecânica invasiva, bem como das mudanças necessárias diante das intercorrências clínicas, e do programa de interrupção da ventilação mecânica invasiva, incluindo a desintubação traqueal;

VI. execução de sedação profunda, bloqueios anestésicos e anestesia geral;

VII. emissão de laudo dos exames endoscópicos e de imagem, dos procedimentos diagnósticos invasivos e dos exames anatomopatológicos;

VIII. (VETADO);

IX. (VETADO);

X. determinação do prognóstico relativo ao diagnóstico nosológico;

XI. indicação de internação e alta médica nos serviços de atenção à saúde;

XII. realização de perícia médica e exames médico-legais, excetuados os exames laboratoriais de análises clínicas, toxicológicas, genéticas e de biologia molecular;

XIII. atestação médica de condições de saúde, doenças e possíveis sequelas;

XIV. atestação do óbito, exceto em casos de morte natural em localidade em que não haja médico.

§ 1º Diagnóstico nosológico é a determinação da doença que acomete o ser humano, aqui definida como interrupção, cessação ou distúrbio da função do corpo, sistema ou órgão, caracterizada por, no mínimo, 2 (dois) dos seguintes critérios:

I. agente etiológico reconhecido;

II. grupo identificável de sinais ou sintomas;

III. alterações anatômicas ou psicopatológicas.

§ 2º (VETADO).

§ 3º As doenças, para os efeitos desta Lei, encontram-se referenciadas na versão atualizada da Classificação Estatística Internacional de Doenças e Problemas Relacionados à Saúde.

§ 4º Procedimentos invasivos, para os efeitos desta Lei, são os caracterizados por quaisquer das seguintes situações:

I. (VETADO);

II. (VETADO);

III. invasão dos orifícios naturais do corpo, atingindo órgãos internos.

§ 5º Excetuam-se do rol de atividades privativas do médico:

I. (VETADO);

II. (VETADO);

III. aspiração nasofaringeana ou orotraqueal;

IV (VETADO);

V. realização de curativo com desbridamento até o limite do tecido subcutâneo, sem a necessidade de tratamento cirúrgico;

VI. atendimento à pessoa sob risco de morte iminente;

VII. realização de exames citopatológicos e seus respectivos laudos;

VIII. coleta de material biológico para realização de análises clínico-laboratoriais;

IX. procedimentos realizados através de orifícios naturais em estruturas anatômicas visando à recuperação físico-funcional e não comprometendo a estrutura celular e tecidual.

§ 6º O disposto neste artigo não se aplica ao exercício da Odontologia, no âmbito de sua área de atuação.

§ 7º O disposto neste artigo será aplicado de forma que sejam resguardadas as competências próprias das profissões de assistente social, biólogo, biomédico, enfermeiro, farmacêutico, fisioterapeuta, fonoaudiólogo, nutricionista, profissional de educação física, psicólogo, terapeuta ocupacional e técnico e tecnólogo de radiologia.

Art. 5º. São privativos de médico:

I. (VETADO);

II. perícia e auditoria médicas; coordenação e supervisão vinculadas, de forma imediata e direta, às atividades privativas de médico;

III. ensino de disciplinas especificamente médicas;

IV. coordenação dos cursos de graduação em Medicina, dos programas de residência médica e dos cursos de pós-graduação específicos para médicos.

Parágrafo único. A direção administrativa de serviços de saúde não constitui função privativa de médico.

Art. 6º. A denominação 'médico' é privativa do graduado em curso superior de Medicina reconhecido e deverá constar obrigatoriamente dos diplomas emitidos por instituições de educação superior credenciadas na forma do art. 46 da Lei nº 9.394, de 20 de dezembro de 1996 (Lei de Diretrizes e Bases da Educação Nacional), vedada a denominação 'bacharel em Medicina'. (Redação dada pela Lei nº 134.270, de 2016)

Art. 7º. Compreende-se entre as competências do Conselho Federal de Medicina editar normas para definir o caráter experimental de procedimentos em Medicina, autorizando ou vedando a sua prática pelos médicos.

Parágrafo único. A competência fiscalizadora dos Conselhos Regionais de Medicina abrange a fiscalização e o controle dos procedimentos especificados no caput, bem como a aplicação das sanções pertinentes em caso de inobservância das normas determinadas pelo Conselho Federal.

Art. 8º. Esta Lei entra em vigor 60 (sessenta) dias após a data de sua publicação.*

---

* DOU de 11 de julho de 2013

Especialidades Médicas e Áreas de Atuação Reconhecidas Pelo Conselho Federal de Medicina

Resolução CFM n 2.149/2016*

Especialidades Médicas Reconhecidas

1. Acupuntura
2. Alergia e imunologia
3. Anestesiologia
4. Angiologia
5. Cancerologia
6. Cardiologia
7. Cirurgia cardiovascular
8. Cirurgia da mão
9. Cirurgia de cabeça e pescoço

---

* Homologou a Portaria n. 02/2016 da Comissão Mista de Especialidades (CME), que aprovou a relação de especialidades e áreas de atuação médicas.

10. Cirurgia do aparelho digestivo
11. Cirurgia geral
12. Cirurgia pediátrica
13. Cirurgia plástica
14. Cirurgia torácica
15. Cirurgia vascular
16. Clínica médica
17. Coloproctologia
18. Dermatologia
19. Endocrinologia e metabologia
20. Endoscopia
21. Gastroenterologia
22. Genética médica
23. Geriatria
24. Ginecologia e obstetrícia
25. Hematologia e hemoterapia
26. Homeopatia
27. Infectologia
28. Mastologia
29. Medicina de emergência
30. Medicina de família e comunidade
31. Medicina do trabalho
32. Medicina de tráfego
33. Medicina esportiva
34. Medicina física e reabilitação
35. Medicina intensiva
36. Medicina legal e perícia médica

37. Medicina nuclear
38. Medicina preventiva e social
39. Nefrologia
40. Neurocirurgia
41. Neurologia
42. Nutrologia
43. Oftalmologia
44. Ortopedia e traumatologia
45. Otorrinolaringologia
46. Patologia
47. Patologia clínica/medicina laboratorial
48. Pediatria
49. Pneumologia
50. Psiquiatria
51. Radiologia e diagnóstico por imagem
52. Radioterapia
53. Reumatologia
54 Urologia

Áreas de Atuação Médicas Reconhecidas

1. Administração em saúde
2. Alergia e imunologia pediátrica
3. Angiorradiologia e cirurgia endovascular
4. Atendimento ao queimado
5. Cardiologia pediátrica
6. Cirurgia bariátrica
7. Cirurgia crânio-maxilo-facial

8. Cirurgia do trauma
9. Cirurgia videolaparoscópica
10. Citopatologia
11. Densitometria óssea
12. Dor
13. Ecocardiografia
14. Ecografia vascular com doppler
15. Eletrofisiologia clínica invasiva
16. Emergência pediátrica
17. Endocrinologia pediátrica
18. Endoscopia digestiva
19. Endoscopia ginecológica
20. Endoscopia respiratória
21. Ergometria
22. Foniatria
23. Gastroenterologia pediátrica
24. Hansenologia
25. Hematologia e hemoterapia pediátrica
26. Hemodinâmica e cardiologia intervencionista
27. Hepatologia
28. Infectologia hospitalar
29. Infectologia pediátrica
30. Mamografia
31. Medicina de urgência
32. Medicina do adolescente
33. Medicina do sono
34. Medicina fetal
35. Medicina intensiva pediátrica

36. Medicina paliativa
37. Medicina tropical
38. Nefrologia pediátrica
39. Neonatologia
40. Neurofisiologia clínica
41. Neurologia pediátrica
42. Neurorradiologia
43. Nutrição parenteral e enteral
44. Nutrição parenteral e enteral pediátrica
45. Nutrologia pediátrica
46. Pneumologia pediátrica
47. Psicogeriatria
48. Psicoterapia
49. Psiquiatria da infância e adolescência
50. Psiquiatria forense
51. Radiologia intervencionista e angiorradiologia
52. Reprodução assistida
53. Reumatologia pediátrica
54. Sexologia
55. Toxicologia médica
56. Transplante de medula óssea
57. Ultrassonografia em ginecologia e obstetrícia

COMISSÕES DE ÉTICA MÉDICA – REGULAMENTO

Resolução CFM n. 1.657/2002*

Art. 1º. As Comissões de Ética Médica (CEM) constituem, por delegação do Conselho Regional de Medicina, uma atividade das instituições médicas, estando a ele vinculadas. Têm funções sindicantes, educativas e fiscalizadoras do desempenho ético da Medicina em sua área de abrangência.

Art. 2º. As Comissões de Ética são vinculadas ao Conselho Regional de Medicina e devem manter a sua autonomia em relação às instituições onde atuam, não podendo ter qualquer vinculação ou subordinação à direção do estabelecimento.

Parágrafo único Cabe ao diretor técnico prover as condições necessárias ao trabalho da Comissão de Ética.

Art. 3º. As Comissões de Ética serão compostas por 1 (um) presidente, 1 (um) secretário e demais membros efetivos e suplentes.

---

* Com as alterações da Resolução CFM n. 1.812/2007.
DOU de 27 de fevereiro de 2007, seção I, p. 39.

Art. 4º. As Comissões de Ética Médica serão instaladas nos termos do artigo 1º deste Regulamento, obedecendo aos seguintes critérios de proporcionalidade:

a) Nas instituições com até 15 médicos não haverá a obrigatoriedade de constituição de Comissão de Ética;

b) Na instituição que possuir de 16 (dezesseis) a 99 (noventa e nove) médicos, a Comissão de Ética Médica deverá ser composta por 3 (três) membros efetivos e igual número de suplentes;

c) Na instituição que possuir de 100 (cem) a 299 (duzentos e noventa e nove) médicos, a Comissão de Ética Médica deverá ser composta por 4 (quatro) membros efetivos e igual número de suplentes;

d) Na instituição que possuir de 300 (trezentos) a 999 (novecentos e noventa e nove) médicos, a Comissão deverá ser composta por 6 (seis) membros efetivos e igual número de suplentes;

e) Na instituição que possuir um número igual ou superior a 1.000 (mil) médicos, a Comissão de Ética deverá ser composta por 8 (oito) membros efetivos e 8 (oito) suplentes;

f) Nas diversas unidades médicas da mesma entidade mantenedora localizadas no mesmo município onde atuem, onde cada uma possua menos de 10 (dez) médicos, é permitida a constituição de Comissão de Ética Médica representativa do conjunto das referidas unidades, obedecendo-se as disposições acima quanto à proporcionalidade.

(...)

Art. 10. Compete às Comissões de Ética:

a) Supervisionar, orientar e fiscalizar, em sua área de atuação, o exercício da atividade médica, atentando para que as condições de trabalho do médico, bem como sua liberdade, iniciativa e qualidade do atendimento oferecido aos pacientes, respeitem os preceitos éticos e legais;

b) Comunicar ao Conselho Regional de Medicina quaisquer indícios de infração à lei ou dispositivos éticos vigentes;

c) Comunicar ao Conselho Regional de Medicina o exercício ilegal da profissão;

d) Comunicar ao Conselho Regional de Medicina as irregularidades não corrigidas dentro dos prazos estipulados;

e) Comunicar ao Conselho Regional de Medicina práticas médicas desnecessárias e atos médicos ilícitos, bem como adotar medidas para combater a má prática médica;

f) Instaurar sindicância, instruí-la e formular relatório circunstanciado acerca do problema, encaminhando-o ao Conselho Regional de Medicina, sem emitir juízo;

g) Verificar se a instituição onde atua está regularmente inscrita no Conselho Regional de Medicina e em dia com as suas obrigações;

h) Colaborar com o Conselho Regional de Medicina na tarefa de educar, discutir, divulgar e orientar sobre temas relativos à Ética Médica;

i) Elaborar e encaminhar ao Conselho Regional Medicina relatório sobre as atividades desenvolvidas na instituição onde atua;

j) Atender as convocações do Conselho Regional de Medicina;

k) Manter atualizado o cadastro dos médicos que trabalham na instituição onde atua;

l) Fornecer subsídios à Direção da instituição onde funciona, visando à melhoria das condições de trabalho e da assistência médica;

m) Atuar preventivamente, conscientizando o Corpo Clínico da instituição onde funciona quanto às normas legais que disciplinam o seu comportamento ético;

n) Promover a divulgação eficaz e permanente das normas complementares emanadas dos órgãos e autoridades competentes;

o) Encaminhar aos Conselhos fiscalizadores das outras profissões da área de saúde que atuem na instituição representações sobre indícios de infração aos seus respectivos Códigos de Ética;

p) Colaborar com os órgãos públicos e outras entidades de profissionais de saúde em tarefas relacionadas com o exercício profissional;

q) Orientar o público usuário da instituição de saúde onde atua sobre questões referentes à Ética Médica.

(...)

Art. 27. As sindicâncias instauradas pelas Comissões de Ética obedecerão aos preceitos contidos nesta resolução.

Art. 28. A sindicância será instaurada mediante:

a) Denúncia por escrito, devidamente identificada e, se possível, fundamentada;

b) Denúncia, por escrito, do diretor clínico ou diretor técnico;

c) Deliberação da própria Comissão de Ética Médica;

d) Solicitação da Delegacia Regional, Seccional ou Representação;

e) Determinação do Conselho Regional de Medicina.

Art. 29. Aberta a sindicância, a Comissão de Ética Médica informará o fato aos envolvidos, convocando-os, se for o caso, para esclarecimentos ou solicitando-lhes, no prazo de 7 (sete) dias úteis a partir do recebimento do aviso, manifestação por escrito.

(...)

Art. 33. Evidenciada a existência de indícios de infração ética, a sindicância deverá ser encaminhada ao Conselho Regional de Medicina, para a competente tramitação.

Art. 34. Em casos de menor gravidade e que não tenham acarretado danos para terceiros, a Comissão de Ética Médica poderá procurar a conciliação entre as partes envolvidas "ad referendum" do Plenário do Conselho Regional de Medicina.

§ 1º Caso haja conciliação, a Comissão lavrará tal fato em ata específica.

§ 2º Não havendo a conciliação de que trata o caput do artigo, a sindicância seguirá seu trâmite normal com o envio do relatório circunstanciado ao Conselho Regional de Medicina.

(...)

Art. 38. Caberá ao Conselho Regional de Medicina divulgar a existência de Comissão Ética dentro da instituição.

Conselhos de Medicina – Estatuto

Resolução CFM n. 1.541/1998

Estatuto para os Conselhos de Medicina

TÍTULO VI
DO PROCESSO DISCIPLINAR

Art. 36. Os atos relativos ao processo e julgamento dos Conselhos de Medicina serão definidos pelo Código de Processo Ético-Profissional dos Conselhos Regionais de Medicina, e obedecerão aos seguintes princípios:

I. nenhum médico será considerado culpado até o trânsito em julgado da penalidade aplicada;

II. amplo direito de defesa e do contraditório, com todos os meios e recursos a ela inerentes;

III. não serão admitidas no processo ético-profissional provas obtidas por meio ilícito;

IV. a decisão será obtida por voto nominal;

V. efetiva garantia do sigilo das votações;

VI. amplo direito de recorrer tempestivamente, por qualquer das partes;

VII. conhecimento pleno do Conselho Federal acerca dos recursos interpostos pelas partes.

Art. 37. Como pessoas físicas as penalidades aplicáveis aos médicos são as seguintes:

a) advertência em aviso reservado;

b) censura confidencial em ofício reservado;

c) censura pública em publicação oficial e em jornal de grande circulação;

d) suspensão do exercício profissional por até 30 dias;

e) cassação do direito de exercício profissional, a*d referendum* do Conselho Federal de Medicina.

Art. 38. As penalidades aplicadas são passíveis de revisão pelo próprio Conselho, a qualquer tempo, de acordo com as normas estabelecidas pelo Código de Processo Ético-Profissional.

Art. 39. Decorridos cinco anos após o cumprimento da pena, e sem que tenha sofrido qualquer outra punição ético-disciplinar, poderá o médico requerer sua reabilitação ao Conselho Regional de Medicina onde está inscrito - com a retirada, de seu prontuário dos apontamentos referentes a condenações anteriores.

Parágrafo único – Exclui-se da concessão do benefício previsto neste artigo o médico punido com pena de cassação do direito de exercício profissional.

Regimento Interno do Conselho Federal de Medicina

Resolução CFM n. 1.998/2012*

(...)

Art. 10. Ao Conselho Federal de Medicina compete:

IX – conhecer e julgar recursos interpostos contra as decisões dos Conselhos Regionais em sindicâncias, processos administrativos e disciplinares instaurados;

(...)

CAPÍTULO VI
DO TRIBUNAL SUPERIOR DE ÉTICA

Art. 37. O Conselho Federal de Medicina funcionará, em sua composição e organização normais, como Tribunal Superior de Ética, cabendo-lhe julgar os recursos interpostos relacionados com assuntos de natureza ética.

---

* Revogou a Resolução CFM n. 1.753/2004.

DOU de 3 de setembro de 2012, seção I, pp. 230-232.

Art. 38. O Tribunal Superior de Ética será composto pelo Pleno e, pelas Câmaras do Conselho Federal de Medicina regulamentados através de Resolução.

Art. 39. O Pleno, composto pelos membros das Câmaras, será presidido pelo Presidente do Conselho Federal de Medicina, ou seu substituto, que proferirá também o voto de desempate.

Parágrafo único. As reuniões plenárias para julgamento de processos disciplinares serão realizadas com a presença da maioria de seus membros.

Art. 40. Nas sessões do Pleno e das Câmaras será permitida somente a presença das partes interessadas, de seus procuradores e de membros da Assessoria Jurídica do CFM.

Art. 41. As sessões que tratem de processos éticos obedecerão às disposições do Código de Processo Ético-Profissional e às Resoluções pertinentes para os Conselhos de Medicina.

Interdição para o Exercício da Medicina em Procedimento Administrativo

Resolução CFM n. 1.990, de 10 de maio de 2012

> *Regulamenta a apuração do procedimento administrativo quanto à existência de doença incapacitante, parcial ou total, para o exercício da Medicina.*

O Conselho Federal de Medicina, no uso das atribuições conferidas pela Lei n. 3.268, de 30 de setembro de 1957, regulamentada pelo Decreto n. 44.045, de 19 de julho de 1958, respectiva e posteriormente alterado pela Lei n. 11.000, de 15 de dezembro de 2004, e pelo Decreto n. 6.821, de 14 de abril de 2009, e

Considerando o disposto no inciso I das Disposições Gerais do Código de Ética Médica (CEM) aprovado pela Resolução CFM nº 1.931, publicada em 24 de setembro de 2009;

Considerando a necessidade de regulamentar o procedimento administrativo previsto no inciso I das Disposições Gerais, Capítulo XIV, da Resolução CFM

n. 1.931/09, para os casos de indício de doença incapacitante para o exercício da Medicina;

Considerando a possibilidade de interdição cautelar nos termos da Resolução CFM n. 1.987/12;

Considerando, finalmente, o decidido em sessão plenária de 10 de maio de 2012,

Resolve:

Art. 1°. Cabe ao Conselho Regional de Medicina, mediante denúncia formal ou de ofício, apurar em procedimento administrativo, com perícia médica, a existência de doença incapacitante, parcial ou total, para o exercício da Medicina.

Parágrafo único. O procedimento ocorrerá em absoluto sigilo processual.

Art. 2°. Protocolada a denúncia, ou tendo o Conselho Regional de Medicina tomado conhecimento de indícios de doença incapacitante, o presidente do Conselho designará um conselheiro relator para conduzir o procedimento administrativo.

Art. 3°. Os conselhos regionais de Medicina poderão interditar cautelarmente o médico submetido a procedimento administrativo para doença incapacitante desde que os atos decorrentes do seu exercício profissional estejam notoriamente prejudicando a população, ou na iminência de fazê-lo.

§ 1° Nestes casos será observado o rito previsto na Resolução CFM n. 1.987/12, sem prejuízo do procedimento administrativo para apuração de doença incapacitante.

§ 2° Cessará a qualquer tempo a interdição cautelar, prevista na Resolução CFM n. 1.987/12, transitada em julgado, com a conclusão do processo administrativo.

Art. 4º. Na apuração administrativa de doença incapacitante o médico indiciado deverá ser intimado, mediante ofício, a manifestar-se no prazo de 30 (trinta) dias contados da juntada do aviso de recebimento (AR).

Art. 5º. O conselheiro presidente designará perícia médica para avaliar o médico, fixando de imediato o prazo para a apresentação do laudo;

§ 1º O presidente do Conselho formulará os quesitos que entender necessários ao pleno esclarecimento dos fatos.

§ 2º Incumbe ao médico periciado, no prazo de 10 (dez) dias úteis contados a partir da intimação da nomeação da perícia médica, apresentar quesitos e indicar assistente técnico.

§ 3º Na ausência sem causa justificada do médico periciado, ou caso haja recusa do mesmo em submeter-se ao exame ordenado, o julgamento será realizado com os elementos de prova já colhidos.

Art. 6º. Finda a avaliação, o conselheiro relator decidirá sobre as provas requeridas e determinará as diligências necessárias para a completa averiguação da verdade.

Art. 7º. Encerrada a avaliação pela perícia médica constituída, o médico periciado deverá ser intimado a apresentar manifestações sobre todo o procedimento adotado e as provas produzidas, no prazo de 10 (dez) dias.

Art. 8º. Protocolizadas as manifestações, o relator terá o prazo de 30 (trinta) dias para concluir seu relatório, que pode ser prorrogado por igual período, sempre em despacho fundamentado.

§ 1º Concluído o prazo de que trata o caput deste artigo, o conselheiro relator remeterá os autos ao presidente do Conselho, que determinará sua inclusão na pauta da primeira plenária subsequente.

§ 2º O médico periciado e seu representante legal serão intimados da data da avaliação com a antecedência mínima de 10 (dez) dias.

Art. 9º. O plenário do CRM, em sessão sigilosa, apreciará o relatório do conselheiro relator para somente então decidir pelo arquivamento, suspensão parcial ou total do exercício profissional.

Art. 10. Decidindo pela suspensão do exercício profissional por doença incapacitante, o Conselho Regional de Medicina deverá fixar o prazo de sua duração e os mecanismos de controle da incapacidade quando se tratar de suspensão por tempo determinado.

§ 1º Concluindo pela incapacidade parcial, o Conselho Regional de Medicina poderá determinar a suspensão do exercício em determinadas áreas da Medicina.

§ 2º A suspensão do exercício da Medicina, na hipótese do parágrafo primeiro deste artigo, ficará sujeita à supervisão do Conselho Regional de Medicina, devendo o interditado submeter-se a exames periódicos.

Art. 11. Os casos de incapacidade total e permanente dependem de homologação pelo Pleno do Conselho Federal de Medicina.

Art. 12. Da decisão do plenário do Conselho Regional caberá recurso ao Conselho Federal de Medicina, no prazo de 30 (trinta) dias, sem efeito suspensivo, a contar da data da intimação da decisão.

Art. 13. Recebido o recurso, o presidente do CFM designará um conselheiro relator para, no prazo de 30 (trinta) dias, apresentar seu relatório.

Parágrafo único. Se necessário, o conselheiro relator designado poderá baixar os autos em diligência, devendo, neste caso, solicitar prorrogação do prazo previsto no caput deste artigo.

Art. 14. A sessão de julgamento no Pleno do CFM seguirá roteiro previsto no CPEP.

Art. 15. As omissões existentes na presente resolução serão sanadas pelo plenário do Conselho Federal de Medicina.

Art. 16. Esta resolução entra em vigor na data de sua publicação, revogadas as disposições em contrário, especialmente a Resolução CFM n. 1.646/02.

Defensores Dativos no Âmbito dos Conselhos Federal e Regionais de Medicina

Resolução CFM n. 1.961/2011*

O Conselho Federal de Medicina, no uso das atribuições conferidas pela Lei n. 1.657, de 11 de dezembro de 2002, alterada pela Lei n.11.000, de 15 de dezembro de 2004, regulamentada pelos decretos n. 44.045, de 25 de julho de 1958, e 6.821, de 15 de abril de 2009,

Considerando a necessidade de regulamentação das atividades dos defensores dativos no âmbito dos Conselhos Federal e Regionais de Medicina;

Considerando o princípio do contraditório e da ampla defesa previstos no inciso LV do art. 5º da Constituição da República Federativa do Brasil;

Considerando os princípios contidos no caput do art. 37 da referida Constituição;

Considerando a previsão contida no art. 13 do Código de Processo Ético-Profissional (Resolução CFM

---

* Dispõe sobre a nomeação, as atribuições e remuneração dos defensores dativos no âmbito dos Conselhos Federal e Regionais de Medicina.

n. 1.897 de 6 de maio de 2009* para a designação de defensor dativo nos casos em que o denunciado não for encontrado ou for declarado revel;

Considerando o disposto na Súmula Vinculante n. 5 do Supremo Tribunal Federal;

Considerando o decidido nas sessões plenárias de 7 de outubro de 2010 e 13 de janeiro de 2011,

Resolve:

Art. 1º. A nomeação, as atribuições e a remuneração dos defensores dativos no âmbito dos processos ético-profissionais instaurados nos Conselhos de Medicina serão operacionalizadas da seguinte forma:

§ 1º O médico declarado revel em processo ético-profissional no âmbito dos Conselhos Federal e Regionais de Medicina terá direito a um defensor dativo para fazer sua defesa e acompanhar todos os atos a serem praticados até o final do processo.

§ 2º Considera-se revel o médico que regularmente citado para apresentar defesa prévia deixa de fazê-lo no prazo legal.

§ 3º O defensor dativo nomeado deverá ser médico ou advogado.

§ 4º Os Conselhos Regionais e Federal de Medicina deverão nomear médicos ou advogados que se disponham a atuar como defensores dativos, os quais receberão a devida remuneração por seu trabalho.

§ 5º A remuneração constante no parágrafo anterior deverá ser fixada pelos Conselhos Regionais.

---

* Art. 45 do atual CPEP

§ 6º Os conselheiros dos Conselhos Federal e Regionais de Medicina, no exercício da função, bem como os respectivos suplentes, não poderão ser nomeados defensores dativos.

Art. 2º. No exercício da defesa dos interesses do acusado revel o defensor dativo terá ampla liberdade para fazer requerimentos e produzir provas que entenda como pertinentes ao caso concreto.

Art. 3º. Nos processos em que os Conselhos Regionais nomearam o defensor dativo fica assegurada a sua atuação até o final do processo, inclusive na fase recursal.

Art. 4º. Os Conselhos de Medicina poderão celebrar convênios com a Defensoria Pública, Ordem dos Advogados do Brasil (OAB), universidades e/ou outras instituições para a atuação na defensoria dativa.

Parágrafo único. Os Conselhos Regionais de Medicina que na data da edição desta resolução possuírem sistema próprio de contratação e remuneração dos defensores dativos poderão continuar com os mesmos procedimentos.

Art. 5º. Os casos omissos serão resolvidos pelo plenário do Conselho Federal de Medicina.

Art. 6º. Esta resolução entra em vigor na data de sua publicação.*

Art. 7º. Revogam-se todas as disposições em contrário, em especial a Resolução CFM nº 1.662/03, publicada no DOU nº 133, Seção I, p.78, de 14 de junho de 2003.

---

* DOU de 25 de janeiro de 2011, seção I, p.96
Fonte: www.cfm.org.br

Orientações do Conselho Federal de Medicina para apresentação de denúncias

Ordem dos Trabalhos da Sessão de Julgamento dos Processos Ético-Profissionais no Conselho Federal de Medicina

Composição das câmaras de julgamentos do Tribunal Superior de Ética Médica do Conselho Federal de Medicina

Orientações do Conselho Federal de Medicina para Apresentação de Denúncias*

1 – A denúncia deve ser dirigida ao Presidente do Conselho Regional de Medicina do local onde ocorreram os fatos a serem apurados;

2 – Os Conselhos de Medicina aceitam apenas denúncias por escrito (manuscritas, digitadas, etc.);

3 – Por imposição legal, as denúncias devem ser necessariamente assinadas e devem conter telefone e endereço do denunciante, esse formulário tem o objetivo de ajudar no preenchimento das denúncias;

4 – As denúncias devem ser, sempre que possível, documentadas (com cópia de quaisquer documentos referentes ao atendimento);

5 – As denúncias devem conter:
- identificação do denunciante e seu endereço;
- narrativa dos fatos que, na visão do denunciante, possam conter ilícitos;
- nome da instituição ou instituições em que a vítima foi atendida;

---

* Regulamentada pelo Decreto n. 44.045, de 19.7.1958.

- nome dos profissionais médicos (e não médicos, se for o caso) envolvidos no atendimento;

- nome de testemunhas dos fatos, se houver testemunhas. A falta de algumas dessas informações (nome do médico, por exemplo), não impede que o Conselho Regional apure a denúncia porque tem mecanismos legais para obter essas informações). A denúncia deve conter, ainda, a solicitação de que o Conselho apure os fatos, data e assinatura do denunciante.

6 – O Conselho Federal de Medicina julga somente os RECURSOS (no caso das partes - denunciante e/ou denunciado - que ficarem inconformadas com o resultado do julgamento nos Conselhos Regionais).

7 – Esse formulário tem o objetivo de ajudar no preenchimento das denúncias. Sua queixa será encaminhada ao CRM do estado onde ocorreu o fato.

Nome (paciente ou representante legal):
Estado Civil:
Profissão:
RG:
Órgão expedidor - UF:
CPF:
Endereço:
Cidade:
Estado:
CEP:
Telefone:

Nome do(s) médico(s) do(s) envolvido(s) + CRM/UF:
(caso tenha mais de um médico separar por vírgula)

Data em que ocorreu o fato:

Cidade em que ocorreu o fato:

Estado em que ocorreu o fato:

Nome do hospital ou clínica em que houve o atendimento:

Relato:

Ordem dos Trabalhos da Sessão de Julgamento dos Processos Ético-Profissionais no Conselho Federal de Medicina*

1 – Antes do início dos trabalhos, o Presidente da sessão de julgamento verificará se há quórum regimental de, no mínimo, 3 (três) Conselheiros para as Câmaras de julgamento do Conselho Federal de Medicina e de (15) quinze Conselheiros para o Pleno do Conselho Federal de Medicina.

2 – Não havendo quórum regimental, o Presidente da sessão suspenderá o julgamento, adiando-o, e solicitará ao Secretário registrar o ocorrido na ata da sessão.

3 – Havendo quórum regimental, será declarada aberta a sessão de julgamento do dia pelo Presidente da sessão.

4 – Na hipótese do item anterior, o Presidente da sessão, fazendo uso da palavra, solicitará as partes e/ou seus advogados que seja(m) conduzida(o)(s) à sala de julgamento. Em seguida, o Presidente da sessão apregoará e identificará as partes e informará o rito do julgamento.

---

* Regulamentada pelo Decreto n. 44.045, de 19.7.1958.

5 – Em seguida, o Presidente da sessão passará a palavra ao Conselheiro Relator para a leitura de seu relatório, incluindo as preliminares, inclusive as questões prejudiciais de mérito, vedada qualquer manifestação de voto.

6 – Após a leitura do relatório pelo Relator, o Presidente da sessão dará a palavra, sucessivamente, ao(s) denunciante(s) e ao(s) denunciado(s), pelo tempo improrrogável de 10 (dez) minutos para cada parte, para sustentação oral.

7 – Após a sustentação oral da(s) partes(s), o Presidente da sessão, colocará a matéria em discussão para solicitação de esclarecimentos (preliminares e mérito), podendo os Conselheiros solicitar esclarecimentos ao Relator, às partes - por intermédio do Presidente da Sessão de julgamento - e, caso seja necessário, à Assessoria Jurídica. Após, a matéria será posta em discussão.

8 – Após os esclarecimentos e discussão das preliminares e do mérito, sem manifestação de voto pelos Conselheiros, será concedido o tempo final de 5 (cinco) minutos sucessivamente, ao(s) denunciante(s) e denunciado(s), para novas manifestações orais.

9 – Após a manifestação final das partes, o Presidente da Sessão de julgamento, dará pela ordem, a palavra aos conselheiros que a solicitarem, para requerer vista dos autos do processo ou a realização de diligências.

10 – Inexistindo pedido de vista dos autos ou a necessidade de realização de diligências, o Presidente tomará o voto do Conselheiro Relator de forma integral, oral e sequencial, quanto às preliminares, mérito, capitulação e apenação.

11 – Em seguida, o Presidente indagará à plenária se há voto divergente em relação às preliminares, mérito, a capitulação ou a apenação.

11.1 – Caso haja voto divergente em relação às preliminares, o Presidente tomará o voto individual dos conselheiros presentes a sessão.

11.2 – Caso haja voto divergente em relação ao mérito, o Presidente tomará o voto individual dos conselheiros presentes a sessão.

11.3 – Caso não haja voto divergente quanto ao mérito, indagará se há voto divergente quanto à capitulação e a apenação, devendo tomar o voto individual dos conselheiros aptos a votar, primeiramente quanto à capitulação e, em seguida, quanto à apenação, conforme o caso.

12 – Quando houver divergência nos votos no tocante à penalidade, o processo de votação deve ser acrescido de uma nova etapa, onde deve ser votada inicialmente a aplicação da pena de cassação e, em seguida, penalidade pública ou confidencial, conforme o caso específico.

13 – A votação deverá ser colhida individualmente de cada conselheiro em todos os julgamentos.

14 – O Conselheiro presente ao julgamento, respeitando o quorum máximo previsto em lei, não poderá abster-se de votar, exceto quando estiver presente como observador.

15 – Caso haja voto divergente, este deverá ser apresentado por escrito e inserido na ata da sessão e posteriormente juntado aos autos.

16 – O Presidente da sessão, então, na presença das partes, apurará e anunciará a decisão, proclamando-a e

comunicando as partes, comunicando as partes se dessa decisão caberá ou não recurso, quando do julgamento em câmaras, e que a decisão será publicada no Diário Oficial da União.

17 – A seguir, o Presidente solicitará ao Conselheiro emissor do voto vencedor lavrar o acórdão, encerrando os trabalhos da sessão.

Composição das Câmaras de Julgamentos do Tribunal Superior de Ética Médica do Conselho Federal de Medicina

Resolução CFM nº 2.137/2016*

Art. 1º. O Tribunal Superior de Ética Médica do Conselho Federal de Medicina terá a seguinte composição: pleno e câmaras. As câmaras serão divididas em:

I. Primeira câmara

II. Segunda câmara

III. Terceira câmara

IV. Quarta câmara

V. Quinta câmara

VI. Sexta câmara

VII. Sétima câmara

Art. 2º. O pleno, composto por todos os conselheiros efetivos, será presidido pelo Presidente do Conselho Federal de Medicina ou seu substituto legal.

---

* DOU de 24 de março de 2016, seção I, p. 103

§ 1° Em caso de necessidade, por convocação da Presidência ou da Corregedoria, o conselheiro suplente poderá substituir o conselheiro efetivo na sessão de julgamento da câmara ou do pleno.

§ 2° Havendo necessidade, poderá ser convocada câmara extraordinária para reunião com a finalidade de julgamento de sindicâncias e PEPs.

§ 3° Na impossibilidade de comparecimento de algum componente da câmara para a reunião extraordinária, este será substituído por outro conselheiro efetivo, convocado pela Corregedoria.

Art. 3°. As Câmaras serão compostas por quatro conselheiros nomeados por Portaria do Presidente do Conselho Federal de Medicina, os quais elegerão o presidente e o secretário para as sessões de julgamento.

§ 1° Quando a câmara se reunir com 4 (quatro) conselheiros, o presidente acumulará o voto de qualidade (minerva).

§ 2° Considera-se quórum mínimo para o funcionamento das câmaras a presença de 3 (três) de seus membros.

§ 3° Em caso de necessidade, os conselheiros poderão, por designação da Presidência ou da Corregedoria, substituir seus pares em outras câmaras.

Art. 4°. Os PEPs serão distribuídos às câmaras e ao pleno pela Corregedoria, a qual indicará os relatores e revisores.

Art. 5°. As câmaras e o pleno reunir-se-ão, ordinariamente, uma vez por mês e, extraordinariamente, quando convocados pelo Presidente ou Corregedor do Conselho Federal de Medicina.

Art. 6°. Na instalação e no funcionamento das câmaras e do pleno serão observadas as disposições do

Regimento Interno do Conselho Federal de Medicina, as disposições da Lei nº 3.268/57 e as do CPEP.

Art. 7º. Revogam-se as Resoluções CFM nº 1.364/93, de 12 de março de 1993, e nº 1.585/99, de 10 de novembro de 1999, e as demais disposições em contrário.

Art. 8º. Esta resolução entra em vigor na data de sua publicação.